몸과 삶이 만나는 글,
누드 글쓰기

베짱이도서관 편

**몸과 삶이 만나는 글, 누드 글쓰기:
베짱이도서관 편**

발행일
초판 1쇄
2025년 9월 23일

지은이
김주란, 김지영, 박보경, 박소영, 이경화

펴낸이
김현경

펴낸곳
북드라망
주소. 서울시 종로구 사직로8길 34 307호(내수동, 경희궁의아침3단지)
전화. 02-739-9918
팩스. 070-4850-8883
이메일. bookdramang@gmail.com

ISBN
979-11-92128-63-4 03180

Copyright© 김주란, 김지영, 박보경, 박소영, 이경화
저작권자와의 협의에 따라 인지는 생략했습니다.
이 책은 지은이들과 북드라망의 독점계약에 의해 출간되었으므로
무단전재와 무단복제를 금합니다.
잘못 만들어진 책은 서점에서 바꿔 드립니다.

책으로 여는 지혜의 인드라망, 북드라망
bookdramang.com

몸과 삶이 만나는 글,
누드 글쓰기

베짱이도서관 편

김주란, 김지영, 박보경,
박소영, 이경화 지음

BookDramang
북드라망

『몸과 삶이 만나는 글, 누드 글쓰기: 베짱이도서관 편』을 읽기 전에 참고해 주세요

- 자신의 사주를 가지고 자기 몸과 삶의 길을 돌아보고 그에 대한 글을 쓰는 '누드 글쓰기'는 "자기 구원으로서의 앎, 자기 수련으로서의 글쓰기"를 추구합니다.

- 누드 글쓰기의 필요에 대해서는 다음의 인용문을 읽어 주세요. "상처와 기억은 세상 밖으로 보내야 한다. 그래야 그것들도 세상 속으로 흘러가서 바람이 되고 물이 된다. 미생물이 되고 참치가 되고 나무가 된다. 몸과 우주가 음양오행의 원리로 이루어진다면, 내가 한 행위나 말, 그리고 기억들도 다 그렇게 이루어져 있을 것이다. 참회도, 후회도, 상처도 다 마찬가지다. 그런데 근대적 자의식은 이것들을 다 꽁꽁 묶어 두도록 만든다. 마치 개인의 고유한 내면이 따로 있는 것처럼. 그래서 평생을 짊어지고 가야 한다. 하여, 시간이 지날수록 존재는 더더욱 무거워져 간다. (…) 팔자를 바꾸려면 무엇보다 나의 순환을 가로막고 있는 기억들을 꺼내 놓아야 한다. 병이 들면 동네방네 알리라고 했다. 소문이 나야 낫는다고. 마찬가지다. 나를 가로막는 번뇌를 세상에 커밍아웃하라! '자기 몸의 연구자'가 되는 첫걸음은 여기에서 시작된다. 그러니, 보라, 그리고 쓰라!"(고미숙, 「글쓰기의 존재론: 운명의 '지도-그리기'」, 『몸과 삶이 만나는 글, 누드 글쓰기』 개정판, 북드라망, 2022, 36쪽)

- 누드 글쓰기의 핵심은 사주 풀이가 아니라 '자기 구원'입니다. "내 인생은 왜 이럴까?", "나는 왜 힘들까?"——누구나 살면서 한 번 이상은 던져 볼 수밖에 없는 이 질문들에 '내'가 스스로 답

을 찾고, 이후의 삶을 변화시킬 한 걸음을 내딛는 글쓰기이기 때문입니다.

- 이 책은 자기 구원을 모토로 하는 '누드 글쓰기'의 베짱이도서관 편으로, 경기도 퇴촌의 자그마한 서재도서관인 베짱이도서관에서 열렸던 사주명리 수업과 누드 글쓰기 과정을 통해 탄생하였습니다. 베짱이도서관에 대한 소개나 사주명리 수업이 이곳에서 열린 자세한 경위 등은 베짱이도서관지기인 박소영의 첫 글 「베짱이도서관에서 펼쳐진 사주명리 수업과 누드 글쓰기」를 참고해 주세요.

- 이 책에 실린 글들은 베짱이도서관에서 사주명리 수업을 이끈 강사와 튜터 3인(김지영, 박보경, 김주란)과 베짱이도서관지기인 박소영, 자칭 타칭 베짱이도서관 죽순이인 이경화가 '글쓰기-운명 공동체'로서 함께 쓰고 피드백하고 공감한 과정을 통해 탄생했습니다.

- 사주명리를 모르시는 분들은 이 책 22쪽부터 시작되는 「사주명리 기초 미니 강의」를 먼저 읽고, 누드 글쓰기들을 읽으시면 조금 더 이해가 쉬울 수 있습니다. 하지만 사주명리에 대한 기초적 지식 없이 읽어도 지은이의 삶과 번뇌를 이해하는 데는 큰 어려움이 없으실 겁니다.

- 이 책을 보고 사주명리학에 관심이 생긴 분들은 이 책 표지 뒷날개에 실린 북드라망에서 출간한 책들을 보면 도움을 받으실 수 있습니다. 또한 〈감이당〉 홈페이지(gamidang.com)에 접속하면 그때그때 열리는 사주명리 강의와 만나실 수 있습니다.

차례

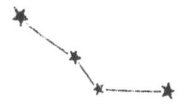

베짱이도서관에서 펼쳐진 사주명리 수업과 누드 글쓰기 · 박소영 8

사주명리 기초 미니 강의 · 김지영, 박보경 22

배짱으로 산다 · 박소영 54

존재의 뿌리, 을목 56
두 개의 태양 58
호기심 많은 개척자, 무술 대운 60
전환과 재배치의 시간 63
새로운 대운 속으로 69
관성이라는 광장 75
진술축, 체험 삶의 현장 80
공통의 용신, 공부 87
진토에서 술토로 91

내가 만드는 나의 운명 · 이경화 94

베짱이도서관을 만나다 95
보석 같은 아이, 신금 96
신금과 인정욕망 99
관성, 식상을 낳게 하다 101
새로운 관성의 장, 베짱이도서관 105
태과된 화 관성과 염증 112
지루하지 않은 삶, 역마 116
재성—위기를 기회로 121
오행을 순환시켜 '새로운 나'로 127
누드 글쓰기를 하면서… 131

'나' 중심에서 '세상' 중심으로 · 김지영 136

무토, 황무지가 만든 강한 생명력 137
비겁 과다, 친구는 나의 힘! 143
비겁 과다, 좁은 장소에 적합한 신체 149
비겁 과다+무관성의 콜라보, 세상의 중심은 '나' 151
결과를 추구하는 욕망, 재성 154
비겁(나)은 재성(아버지)을 극한다 156
'나'를 재탄생시키는 공부, 인성 159
질문을 던지는 공부, 사주명리학 165

갑목, 숲을 꿈꾸다 · 박보경 168

갑목: 자존심, 독립심, 갑진 대운, 추진력 171
갑목의 탄생! 171 / 명예는 나의 힘 172 / 언제 어디서나 '갑질'을 해야 해! 176 /
갑진 일주가 갑진 대운을 만나면? 179
토 재성: 활동력, 넓고 얕은 관계, 조화로운 관계망 184
일단 돌진하는 목! 184 / 뿌리를 넓게 뻗을 수 있는 땅 186 / 넓고 얕은 관계망 189 /
인생의 화두는 '조화' 193
금 관성: 활동의 뿌리, 뾰족한 잣대 195
관성, 활동의 근거가 되는 힘 195 / 뾰족하고 엄격한 바늘 198 / 목마른 나무, 물을 만나다! 200
사주명리, 강을 건널 수 있는 뗏목 202

을유, 칼을 품은 풀은 어떻게 사는가 · 김주란 206

운명 탐구, 시작은 흑역사 207
운명을 공부하라 210
을유(乙酉) 1—바위 틈에 자라는 풍란 213
을유(乙酉) 2—풀과 칼 216
인성과 식상이 데려다준 친구들: 10대 병자(丙子) 대운(상관, 편인) 219
어쩌다 국악: 20대 정축(丁丑) 대운(식상, 재성) 223
있는데 없다? 있는데 있다!: 30대 무인(戊寅) 대운(정재, 겁재) 226
It's My Turn!: 40대 기묘(己卯) 대운(편재, 비견) 230
내 관성은 부처님: 경진(庚辰) 대운(정관, 편재) 236

베짱이도서관에서 펼쳐진
사주명리 수업과 누드 글쓰기

박소영

베짱이도서관은 경기도 광주시 퇴촌면에 있는 사립도서관이다. 2013년 11월 8일 문을 열었다. 한 권 한 권 사 모으던 책이 집 거실에 쌓이던 시점, 책으로 이웃과 소통하는 공간을 바라던 마음, 아이들과 함께 갈 수 있는 편안한 곳이 있으면 좋겠다는 생각, 가진 것은 책뿐이던 현실이 만나 '우짜다 보니' 시작하게 되었다. 우리 집 서재로 만든 도서관이라는 뜻을 담아 '서재도서관 책 읽는 베짱이'라 이름 지었지만, 언젠가부터 그냥 '베짱이도서관'이라 불린다.

"월세는 어떻게 낼 거야? 곧 겨울이라 난방비 많이 나올 텐데 대책은 있어? 책방도, 북카페도 아니고 웬 도서관? 도서관은 쉽게 접을 수 있는 성격의 일이 아닌데 힘들면 어쩌려고 그래?"

이웃들의 물음에 제대로 답할 수 있는 것이 없었다. 현실적인 고민 없이 덜컥 문을 열었지만 개관식을 한 날 고맙게도 20

명의 후원자(개미친구라 부른다)가 생겼다. 훗날 얘기를 들어 보니 내가 너무 대책 없이 해맑아서 뭐든 도와야겠다는 생각이었다고….

책과 관련한 '일'이 아니라 책을 매개로 한 '삶'을 살고 싶었다. 처음엔 스스로의 힘이 생길 때까지는 국가 지원을 받지 말아야지, 생각했는데 후원으로만 운영해 보니 좋아서 계속 그렇게 가고 있다. 독립적이고 자유롭게 활동할 수 있어서이기도 하지만 넘치지 않는 살림살이 안에서 사람도 책도 귀함을 느낄 수밖에 없는 구조라서 좋다.

도서관을 함께 지키는 이들에게 고마운 마음을 전하는 방법으로 매달 10일, 도서관 소식지인 「베짱이편지」를 발행한다. 한 달 사이 도서관의 다채로운 풍경이나 뜻깊은 일, 다녀간 사람들의 이야기를 A4 한 장에 담는 작업이다. 직접 그림을 그리고 손글씨를 써서 양면 복사를 하고 우편으로 부치는 작업까지가 마무리. 한 줄이 모자랄 때나 글씨가 마음에 들지 않을 때는 다시 쓰기도 한다. 복사 색깔이 안 나오면 60장을 일일이 칠할 때도 있다. 이래저래 품이 많이 들지만 한 달 살이를 살뜰히 돌아보고 마음과 정성을 담는 과정이 좋다. 2013년 12월, 1호였던 편지는 2025년 5월로 134호가 되었다(그 사이 우표값은 300원에서 430원이 되었다). 소식지 작업은 언제나 첫 마음으로 돌아가는 일이며, 도서관에서 만나는 고마움들에 느슨해지지 않을 수 있는 장치가 되어 준다.

문을 여닫는 시간은 계절에 따라 늘었다 줄었다 한다. 1월과 2월은 행사를 잡지 않고 숨 고르는 달로 삼으며, 한여름과 한겨울에는 일주일 동안 도서관 방학을 한다. 책은 '공짜'로 빌려 드린다(의외로 묻는 분들이 많다). 대출 공책에 직접 자기 이름과 날짜, 책 제목을 적고, 반납할 때 각자 알아서 대출 기록을 찾아 펜으로 긋는 시스템을 갖추고 있다. 빌려 간 분이 집에서 책을 잃어버리면 예리한 눈썰미를 가진 도서관 죽순이 랄라와 출동해 찾아 드린다. 일명 '찾아가는 서비스'. 가끔 공책에 작가 이름을 쓰고 빌려 가는 분들이 있는데, 그럴 때마다 필적을 대조하며 찾는 재미가 있다. 도서관 이름을 '베짱이'로 지어서인지 책 반납을 늦게 하는 분들이 갈수록 늘어 대책 마련에 고심 중이다.

"베짱이도서관의 특색이 뭘까?" 언젠가 개미친구들에게 물어보았다. '자연스러움, 자발성, 서두르지 않는다'와 더불어 '있는 그대로 받아 주는 공간'이란 답이 많았다. 정해진 행사가 따로 있진 않다. 그때그때 계절과 사람, 상황에 맞춤한 활동을 한다. 자연스럽게, 자발적으로, 서두르지 않으며. 어떤 행사든 일이 아닌, 삶에 초점을 맞춘다. 준비서부터 마무리 짓기까지, 전 과정에서 우리가 충분히 묻고 들으며 이야기를 나누고 함께 하는 시간을 중요하게 생각한다.

개관 당시의 도서관은 마을 입구에 있었고 어린이도서관으로 불릴 만큼 아이들이 많이 왔다. 한 번 옮긴 지금 자리는 마을 끝 절보다 더 산속으로 들어가야 하는 위치에 있다. 시끄럽고 바쁘게 돌아가는 세상 속에서 고요히 집중하며 자기 내면의 소리를 들을 수 있는 곳이랄까? 그래서인지 자연스레 치유와 회복의 이야기들이 펼쳐지는 듯하다.

해마다 마을 이웃들의 글과 노래, 연주로 낭독음악회를 열곤 한다. 음악을 매개로 서로의 삶을 나누는 시간. 도서관에 오시는 분들을 위한 우리만의 환대 방법 또한 음악이다. 도서관의 전천후 팀으로, 훌륭한 연주는 물론 행사 총괄부터 마무리 청소까지 책임지는 '다목적트리오'와 "태양계에서 가장 부지런하고 게으른 중창단"(소설가 김탁환 작가님 표현)인 '베짱이중창단'이 있다. 노래와 사람을 좋아하는 개미친구들로 구성된 베짱이중창단은 2017년 세월호 3주기를 맞아 연 김탁환 소설 『거짓말이다』 북토크를 발판으로 결성되어 지금껏 느슨하고 즐겁게 연대하며 노래하고 있다.

도서관의 일상을 지탱해 주는 중심 활동은 책모임이다. 같이 읽고 함께 살기 위한 자발적인 독서 공동체라 할 수 있겠다. 주로 질문을 던지는 책, 때마다 우리 삶과 닿아 있는 주제의 책을 선정해 읽고 이야기를 나눈다. 속도는 늦추고 밀도는 높이는 방식으로. 그것으로 부족할 때는 작가와의 만남을 추진한다. 여러 번 다시 읽으며 구체적인 질문을 뽑는 시간이다. 도서관에 오게 된 작가들과는 좋은 친구가 되곤 한다. 북토크로 만나 귀한 인연으로 이어진 고미숙 선생님 또한 책모임이 연결 고리였다. 지나온 시간을 긴 숨으로 돌아보던 때였으며, 새로운 전환이 필요한 시점이었다.

도서관 10년, 시절인연을 만나

사주명리학과 누드 글쓰기를 베짱이도서관에서 하게 된 발판은 『동의보감, 몸과 우주 그리고 삶의 비전을 찾아서』(고미숙, 북드라망, 2012) 책모임이었다. 당시 나는 도서관에서 이웃들과 같이 몇 달 동안 이 책을 읽은 뒤였고, 『동의보감』과 관련하여 모셔서 이야기를 들어 보면 좋을 만한 한의사를 마음속으로 정한 상태였다. 그러던 어느 일요일 아침, 일찍 눈이 떠졌는데 갑자기 고미숙 선생님께 연락을 드려 봐야겠다는 생각이 번개처럼 스쳤다. 그전에 선생님 관련 자료를 찾아 보니 TV 같은 매체나 아주 큰 곳에서 대중 강연을 하시는 영상이 많았다. 고미숙 선생님 책으로 모임을 가졌지만, 선생님께서 이렇게 작은 도서관도 다니실까 싶어 연락할 생각을 아예 하지 않았는데….

일어나 선생님 계신 곳을 검색했다. 인문의역학 배움터 〈감이당〉을 찾았고 아침 9시가 되길 기다렸다 전화를 했다. 작가 섭외는 충동적으로 하는 편이 아닌데 그날은 예외였다. 일요일이라 당연히 전화를 안 받겠지 했는데 웬걸, 어떤 청년이 받고 친절하게 안내를 해주었다(〈감이당〉은 공부하는 학인들로 주말에도 북적인다는 걸 이제는 알지만 그땐 신기했다). 청년이 알려 준 대로 첫 메일을 보냈고 다음 날 선생님으로부터 답장이 왔다. "베짱이라는 이름이 참 재밌네요. 저의 생활 터전인 〈감이당&남산강학원〉은 백수지성을 지향하는데, 뭔가 통하는 느낌입니다." 다양한 곳에서 강의를 하지만 도서관 강의를 가장 좋아한다는 말씀과 함께.

드디어 열린 고미숙 선생님 강의. '삶의 주인으로 산다는 것'이 주제였다. 호모 사피엔스는 연결이 핵심이며 '산다는 건 움직이고 연결되는 것이다'는 전제를 바탕으로 이야기를 풀어 가셨다. 읽고 쓰고 말하기를 통해 세상과 소통해야 하며 삶과 죽음에 대한 통찰이 필요하다는 것, 경제적 자립에서 자유로, 자유에서 증여로 나아갈 때 내 삶의 주인 노릇을 할 수 있다는 내용이었다. 친구들과 함께 가는 것이 중요하다는 말씀은 도서관이 여태 존재하는 이유이기도 했기에 격하게 공감하며 고개를 끄덕였다. 경제력이 커지는데 왜 나는 묶여 있는가, 어떻게 해야 잘 소멸하고 순환할 수 있을까, 노병사를 어떻게 능동적으로 겪어 갈 것인가 등등… 선생님이 던진 그날의 질문들은 자유롭고 자주적인 삶이란 무엇인지 두고두고 생각하게 했다.

'진짜 센 사람이 왔구나.' 공부와 삶이 일치된 몸에서 뿜어져 나오는 파워일까? 명확하면서도 유쾌하고 간결한 선생님의 이야기는 무척 힘이 있었다. 무엇에도 끄달림이 없는 데서 우러나올 법한 맑고 담백한 기운이랄까. 선생님에게서 전해지는 느낌 또한 내 안에 강렬한 인상을 남겼다. 2023년 10월에 선생님이 다녀가셨고, 11월은 때마침 도서관 10주년이었다. 지난 시간을 돌아보며 내 안에 사람에 대한 미련이, 붙들고 있는 것이 이렇게나 많았구나 느끼던 무렵이었다. 그랬기에 처음 만난 날의 선생님 모습이 자꾸 떠올랐으리라. 생명력 있는 삶, 사람을 향한 본능적인 이끌림이었다.

"120달이면 정확히 10년이 되었단 얘기잖아. 120번째 「베짱이편지」 '도서관 소식'에 고미숙 선생님이 개미친구가 되어 주셨다고 쓴 게 정말 뜻깊고 특별하네."

달마다 개미친구들에게 보내는 「베짱이편지」가 세월이 흘러 어느덧 120호를 맞았다. 소식지를 봉투에 넣고 우표 붙이는 작업을 도와주던 친구 랄라가 놀란 목소리로 말했다. 이를 시절인연이라 하는 걸까?

도서관 개관 10주년 선물 같은 선생님과의 만남은 사주명리 공부로 이어졌다. 존재를 탐구하는 데 필요한 공부라시며 한번 해보길 권하셨는데, 좋은 길이니 가 보라 하시는 것이겠지 싶어 이웃들을 모아 곧바로 책모임을 시작했다. 『나의 운명 사용설명서』(고미숙, 북드라망)와 『운명의 해석, 사주명리』(안도균, 북드라망), 두 권을 잇따라 읽은 뒤 도서관에서 왕초보 사주명리 강의를 열었다. 그때 서울 남산에서 퇴촌까지 우리를 이끌어 주러 온 길잡이 선생님으로 보경, 지영, 주란 선생님을 만났다. 함께 있으면 웃음이 끊이지 않고 오랜 친구처럼 편안한 〈감이당〉 선생님들과의 만남은 언제나 기다려지는 시간이었다. 지금은 이렇게 같이 글쓰기-운명 공동체로 묶였으니 사람의 인연이란 알 수 없고도 얼마나 신비로운지.

흐르는 삶에 몸을 맡기고

내가 생각하는 명리학은 사람학이자 관계학, 자연학이다. 동양 사상의 근간을 이루는 음양오행에서부터 다양하고도 열린 해석으로 삶의 길을 찾는 용신에 이르기까지, 낯선 글자와 기호를 해석하고 탐구하는 과정은 어려우면서도 재밌었다. 알쏭달쏭 복잡해 보이는 기호들은 사람을 대입하면 금방 이해가 되었다. 왕초보 과정을 마치고 시작한 명리 심화 단계, 누드 글쓰기는 수면 아래 깊이 잠겨 있던 번뇌를 밖으로 꺼내어 햇볕에 널고 바람에 말리는 시간이었다. 행복하게 살고 싶다는 사람에게는 어떨 때 행복이라 느끼는지, 좋은 사람들과 좋은 이야기만 나누고 싶다는 이에게는 당신이 생각하는 좋고 나쁨의 기준이 무엇인지 물었다. 두루뭉술하고 애매모호한 낱말이나 표현을 줄이고 생각을 체에 거르고 걸러 진짜와 맞닥뜨리는 시간이었다.

누드 글쓰기의 주제는 하나같이 피하거나 외면해 온 것들. 각자의 내면으로 걸어 들어가 진실한 민낯을 담는 글쓰기 과정은 만만치 않았지만, 통찰하지 않아 늘 같은 통로로 괴로움을 낳는 습관이 가져다주는 고통이 훨씬 크기에 모두 끝까지 글을 마무리 지을 수 있었다. 귀 기울여 들어 주고 날카로우면서도 애정 어린 피드백을 주는 선생님과 도반 들의 존재가 얼마나 큰 힘이 되었는지! 써 온 글은 매번 발표를 했다. 내 글을 소리 내어 읽는 행위는 내가 무엇에 집착하는지, 어떤 기운을 많이 쓰는지, 여전히 가리고 있는 것이 무엇인지 반복해서 보고 듣게 되는 일이었다.

열린 공간이기에 예측할 수 없는 일들이 종종 일어나는 도서관. 도서관에 자주 나오다가도 다툼으로 인해 발길이 뜸해지는 사람이 시차를 두고 꼭 한 명씩은 생길 만큼 부딪침은 흔한 일이다. 그만큼 서로 다른 습관의 리듬이 마주치고 교감하는 현장이 공동체이며, 갈등은 사람 살아가는 자연스런 모습이라는 말이기도 하겠다.

도서관에 오는 이들의 일인데 관장인 내가 알아야 하지 않냐며 굳이 몰라도 될 일까지 다 말해 주는 사람이 있었다. 그렇게까지 얘기해 주지 않아도 된다고, 내 몫이 아니라고 말해도 기어코 들려주는 이야기를 듣고 나면 마음이 편치 않았다. 대부분 오래전부터 쌓인 경험과 견고한 습관의 다툼이었고, 삶의 바탕이 달라서 벌어진 일이었다. 싸우고 토라져도 시간이 흐르면 사람들은 다시 왔다. 밖에서라면 서로 안 보면 그만인 일을, 공간을 아끼는 마음으로 이런저런 노력을 기울이는 모습이 좋았다. 그렇게 다 다른 사람들을 온전히 받아들일 수밖에 없는 자리에서 내가 가진 선입견이 깨지는 경험을 수없이 했다. 잘 알지도 못하면서 쉽게 사람을 평가하고 판단하려 들었던 나의 오만과 마주하는 일이었다.

한편, 도서관은 사람 마음이 열리는 곳일까 싶을 만큼 이타적이고 따뜻한 마음들을 이곳에서 많이 만났다. "내가 뭐 보탤 일 없을까?" "저는 이런 재주가 있는데 혹시 쓸데 있으시면 불러 주세요." 등등. 조건 없이 자기 것을 내어 주고 목적 없이 서로를 돕는 모습들이 도서관의 시간을 훈훈하게 채워 갔다. 도서관지기로 살며 나는 예전보다 훨씬 이상적인 시선으로 사람과 세상을 바라보게 되었다. 그것은 때때로 사람 사는 세상에서 내가 보고자 하는 상에 이르기 위한 기대와 욕심을 불러일으켰고, 내가 나를 힘들게 하는 원인으로 작용했다.

갈등을 중재하고 조율하는 일에 힘과 마음을 쏟을 때, 내가 나를 돌보는 일은 늘 뒷전이었다. 감정을 과하게 이입하다 보면 관계나 결과에 애착과 집착을 가져오기 마련이다. 옳고 그름은 상대적인 것임에도, 어느 한쪽으로 치우쳐 지나치게 애를 쓰는 태도는 그 자체로 내 관점이 맞다고 고집하는 것과 같으니 누군가에겐 폭력이 되는 것 아닐까?

어떤 사람의 예상치 못한 말과 행동이 누군가에게 상처를 주게 된 순간이 최근에도 있었다. 양쪽의 얘기를 듣는 데 시간과 마음을 쓰며 몸이 힘든 지경에 또 이르렀다. 습관의 힘은 셌다. 상황 파악과 동시에 중재하고자 하는 토土 기운이 내 안에서 어마어마하게 올라왔다. 나서지 말아야지 하는 생각과 달리 또 먼저 묻고 들으며 애를 쓰고 있었다. 사주명리 공부를 통해 나를 해석한 원리를 바탕으로 어떻게 나아가야 하는지 배웠으니 이제 안다고, 감정을 잘 순환할 수 있다고 느낀 것이 착각이었음을 현장은 가차없이 보여 주었다. 그렇기 때문에 공부도 수행도 혼자가 아니라 사람 속에서 겪어야만 한다는 것을.

갈등을 풀어 가는 태도에 작은 변화도 있었다. 감정이 달려가고 있음을 예전과 달리 조금은 빨리 알아차리게 된 것이다. 하던 대로 계속 나아가려는 말과 행동을 어느 시점에서 멈추고 감정 이면의 욕망을 바라보게 된 것, 무엇보다 어떤 모양으로 매듭지어지더라도 괜찮다고 전제하게 된 것이다. 삶을 통제할 수 없듯 관계 또한 오고 가는 인연 따라 흘러가는 것임을. 그 전에는 공동체를 함께 가꾸고 타인을 돕고자 하는 선한 마음에서 출발한 일들이 의견을 주고받는 과정에서 생채기가 난 것이 안타까웠고, 회복하는 데 힘을 보태야겠다는 생각을 많이 했다. 그보다는 '어떻게 흘러가도 좋아'가 내 마음의 큰 줄기였다면 중심을 잃고 선을 넘어설 정도로 힘들이지 않고 몸과 마음이 한결 편안했을 텐데.

말과 생각이 흐르는 길이 여전히 내 안에서 너무 잘 뚫려 있음을 깨닫지만, 앎을 삶에 녹이는 과정이 어디 쉬울까. 스스로를 관찰하고 알아차리는 일, 할 수 있는 작은 것 하나라도 꾸준히 몸에 붙여 보며 어떤 순간에도 삶의 주도권을 쥐고 가야 할 방향을 잃지 않는 일이 중요하지 않을까. 윤동주 시인이 노래했듯 과정으로서의 삶은 언제나 "어제도 가고 오늘도 갈/ 나의 길 새로운 길"이므로.

길은 내 안에

나를 돌아보는 일은 서로를 돌보는 일이다. 공동체에서는 서로가 서로의 환경이 되어 주므로. 도서관지기로 사는 동안 내게 가장 큰 영향을 미친 존재는 책보다 사람이었다. 도서관으로 찾아와 기꺼이 마음을 열고 친구가 되어 준 사람들이 없었다면 도서관을 지금껏 이어 올 수 있었을까? 개인적 어려움은 물론 도서관 문을 열고 다섯 달 만에 터진 세월호 참사, 두 차례의 대통령 탄핵이라는 국가 위기 상황 또한 네트워크 안에서 같이 겪고 건너며 외롭지 않을 수 있었고, 쓰러진 마음을 일으킬 수 있었다.

    나는 단독으로 존재할 수 없고 내가 맺는 관계를 통해 구성된다는 사실, 물들고 닮아 가며 함께 살아가는 사람들이야말로 나의 환경이구나 하고 느낀 수많았던 순간들과 나도 누군가에게 그런 존재일 수 있겠구나 싶은 자각이 조금 더 나은 인간으로 나를 이끈다. 부족함과 부끄러움을 감추기보다 그것을 재료 삼아 마음과 웃음을 나누고, 서로 밀어 주고 끌어 주는 친구와 도반들이 있기에 벽에 부딪치더라도 다시 두드리고 조금 더 가 보게 된다.

"명리 공부만 하고 누드 글쓰기 안 했으면 어쩔 뻔했나 몰라요. 글을 쓸 수 있을까 두렵기도 하고 막막한 걸 끄집어내려니 어려웠는데 다 하고 보니까 정말 잘했다는 생각이 드네요. 혼자 했으면 중간에 관두거나 아예 시작도 못했을 텐데 같이하니까 끝까지 할 수 있었어요. 가장 고민스러운 주제로 집중해서 글을 썼잖아요. 모두 이 과정을 거쳐서 그런지 발표를 듣는데 한 사람 한 사람 깊은 인생 속으로 들어갔다 나온 느낌입니다. 나를 짓누르던 것의 실체와 만나고 바깥으로 꺼내니 마음이 홀가분해졌어요."

마무리로 누드 글쓰기 발표를 하던 날, 학인 중 한 분이 했던 말씀을 떠올린다. 누드 글쓰기에서 배운 것처럼 음지에서 양지로 번뇌를 꺼내고 생각의 막힌 지점을 찬찬히, 지성의 힘으로 뚫어 간다면 살면서 만나게 될 수많은 문제들을 '스스로' 풀 수 있게 되지 않을까. 크고 작은 삶의 괴로움들은 끊임없이 찾아오겠지만 어떤 문제든 그로부터 고통받지 않고 해방될 수 있는 길은 외부가 아니라 내 안에 있다는 것. 사주명리 공부와 누드 글쓰기를 통해 그 사실을 정확하게, 선명하게 배울 수 있어 고맙다.

사주명리 기초
미니 강의

김지영,
박보경

동양에서 운명을 얘기할 때 자주 등장하는 단어가 있다. '팔자가 사납다, 팔자 편하다' 등 우리는 일상에서 누군가의 운명을 표현할 때 '팔자'八字라는 단어를 흔히 사용한다. 팔자는 글자 그대로 8개의 글자를 뜻하는데, 실제로 사주명리학에서 이 여덟 글자가 개인의 운명을 나타낸다. 사주四柱는 태어난 연年, 월月, 일日, 시時의 네 가지 기둥을 뜻하며, 각각의 기둥은 천간天干과 지지地支, 즉 하늘과 땅의 기운으로 나뉘어 총 여덟 글자가 된다.

이 여덟 글자의 배치는 어떻게 만들어질까? 아기가 어머니의 뱃속에서 나와 탯줄이 끊기고 세상에서 첫 숨을 들이쉬는 순간, 하늘과 땅의 기운이 아이의 신체에 각인된다. 이 첫 숨 속에는 당시의 계절, 온도, 습도 등 우주와 자연의 모든 정보가 압축되어 있다. 이처럼 우주와 신체가 교감하여 형성된 독특한 우주적 패턴이 바로 각자의 운명, 즉 팔자가 되는 것이다.

이 고유한 우주적 패턴은 우리의 오장육부에 각인되어 삶 전반에 걸쳐 성격, 감정, 가치관, 건강, 행동 패턴 등에 영향을 준다. 사주명리를 통해서 우리는 스스로도 설명하지 못했던 반복되는 행동과 욕망의 패턴을 이해하고, 자신에 대한 깊이 있는 통찰을 얻을 수 있다.

	시	일	월	연
천간	시간	일간	월간	연간
지지	시지	일지	월지	연지

음양(陰陽)

사주명리의 철학적 기반은 바로 '음양오행'陰陽五行이다. 동아시아에서 자연의 리듬과 변화의 법칙을 관찰하여 물리적이고 철학적인 원리로 만든 것이다. 음양을 이해하려면 음지와 양지를 떠올리면 쉽다. 음지는 양지보다 차갑고 어두우며 수렴하는 기운에 속한다. 반대로 양지는 따뜻하고 밝으며 발산하는 기운을 의미한다.

음양은 서로 반대되는 성질을 가지지만, 서로를 품고 있어야만 존재할 수 있다. 낮(양)이 있어야 밤(음)이 있고, 겨울(음)이 있어야 봄(양)이 찾아오는 것처럼 말이다. 음이 극에 달하면

양이 되고, 양이 극에 달하면 다시 음이 되는 식으로 음양은 끊임없이 순환한다. 즉, 음양은 항시 율동하며 리듬에 따라 변하고 있다. 음과 양은 서로 명확히 구분되지 않고 모호하다. 음양의 경계선이 뚜렷하게 없고 서로 분리된 것이 아니기 때문이다. 그 모호성을 가로지르며 음양은 상호의존하며 움직인다.

사주를 해석할 때도 음적인지 양적인지에 따라서 해석이 달라진다. 양의 기운이 강한 사람은 속도가 빠르거나 드러내고 싶은 욕망이 강렬하고 즉흥적이다. 반대로 음의 기운이 강하다면 속도가 느리고 감추려고 하며 신중하다. 그러나 여덟 글자가 모두 양적이더라도 내재적으로 음적인 무의식도 함께 있고, 그 반대도 마찬가지다. 이것이 음 속에 양이 있고 양 속에 음이 있는 이치이다. 순수한 음양은 없다. 섞이고 변화하며 끊임없이 운동하는 오묘하고도 깊은 것이 음양의 이치다.

오행(五行)

음양을 세분화하면 목木, 화火, 토土, 금金, 수水 오행五行이 된다. 오행은 자연의 리듬이기 때문에 계절과 연관 지어 설명할 수 있다. 목은 봄, 화는 여름, 토는 환절기, 금은 가을, 수는 겨울을 상징한다. 오행 역시 음양처럼 계속해서 순환하며 변화한다.

목木은 나무를 상징하며, 땅을 뚫고 나오는 힘과 성장하며 뻗어 나가는 기운이다. 아직 다 녹지 않은 언 땅을 뚫고 새싹이

돋아나는 것처럼 생명력이 넘친다. 따라서 시작과 도전을 잘하며 자신감도 넘친다. 하지만 초반에 전력을 다하기 때문에 마무리가 미진하며, 자신감을 잘못 쓰면 자만할 수 있다. 목은 봄의 계절성을 띠기 때문에 따뜻하고 어린 아이와 같은 순수함이 있다. 목이 태과할 경우 속도가 빠르고, 마무리를 제대로 짓지 못한다. 목이 없거나 부족한 경우 추진력이 부족하고, 빠른 속도에 대해 불안해하며 냉정하고 냉철하다.

화火는 불을 상징한다. 불은 뜨겁게 타오른다. 맡은 일에 열정적이고 적극적이기 때문에 에너지를 과도하게 쏟는 경우가 있다. 따라서 화기를 잘 쓰면 사회적으로 유리한 위치에 빨리 도달한다. 반대로 잘못 쓰면 마음이 급해지고 내면적 수렴이 잘 안 되는 경우가 있다. 봄이 만물을 태어나게 했다면, 여름에는 만물이 무성하게 성장하고 자라난다. 따라서 발산과 번영의 이미지와도 연결된다. 화가 태과하면 밖으로 표출하려는 욕망 때문에 허세로 보여지기도 하며 힘 조절이 안 되어 번아웃이 자주 올 수 있다. 반대로 화가 없거나 부족한 경우 동력이 약하여 무기력함에 빠질 수 있다.

토土는 땅 혹은 산을 상징하며 계절상으로 환절기이다. 땅은 모든 것을 담아내며 환절기는 발산의 계절이 수렴의 계절로 넘어갈 수 있도록 연결해 준다. 따라서 토가 발달하면 포용하고 매개하는 데 탁월하다. 땅과 산은 안정성이 있기 때문에 실제로 토 기운을 가진 사람은 조화롭고 안정을 추구하며 치우치지 않는 힘이 있다. 땅은 만물, 다르게 말하면 잡다한 것들까지 품을 수 있다. 그만큼 삶에서 변수나 사건이 다양하게 일어나며, 그것을 견뎌 낼 힘 또한 지니고 있다. 토의 기운이 과도하면 숨기는 게 많거나 회피하는 성향으로 드러나기도 하며 별일 아닌 것에 무겁고 비장하다. 토가 부족한 경우 땅이 주는 안정성이 부족하기에 감정 기복이 심하거나 불안정한 모습을 보일 수 있다.

금金은 단단한 바위를 떠올리면 된다. 강인하고 결단력이 있기 때문에 논리적이며 구조화하는 일에 뛰어나다. 계절로는 가을에 속한다. 풍성한 열매가 열리는 계절의 특성처럼 금 기운은 수렴하여 현실적인 결실을 맺는다. 따라서 마무리까지 잘 끝맺으며, 실리적인 결과를 취할 수 있다. 원석을 세공하면 날카로워진다. 이는 냉철하게 단절하는 모습과도 연결된다. 금 기운이 과도하면 원리원칙적이고 타인의 치부를 날카롭게 찌르거나 자기 주장을 강하게 드러내기도 한다. 반면 금이 없거나 부족하면 우유부단하거나 논리가 부족하여 맥락을 파악하지 못하는 경우가 있다.

수水는 물을 의미한다. 물은 위에서 아래로 부드럽고 유연하게 흐른다. 이는 지식을 횡단하며 그 이면에 있는 의미를 통찰하는 지혜를 상징한다. 하지만 물이 고이면 웅덩이가 생기는 것처럼 수 기운이 태과하면 고립되어 우울해지는 증상으로 드러나기도 한다. 계절상으로 수는 겨울을 상징한다. 겨울은 춥고 밤이 길기 때문에 새로운 것을 시작하며 열정적으로 움직이기보다는 한 해를 마무리하며 차분하게 내년을 준비하는 시간이다. 이런 특징은 휴식을 취하며, 생각이 깊어지는 이미지로 연결해 볼 수 있다. 수가 태과할 경우 우울한 기질로 드러날 수 있으며, 반대인 경우 유연함이 부족하고 심층적으로 이해하는 힘이 약할 수 있다.

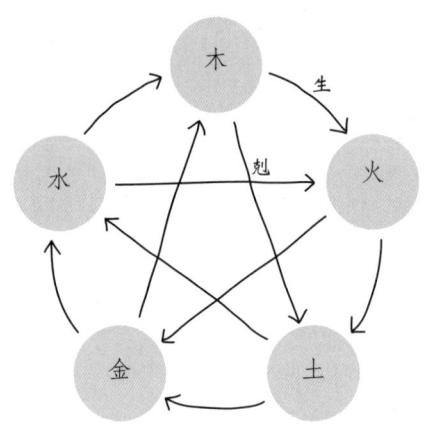

오행은 서양의 원소처럼 경계 지어진 각각의 독립적인 요소가 아니다. 이름 속에 '행'行이 있듯이 서로를 생하고 제어하며 조절하기도 한다. 이러한 관계성이 있어야만 오행이 존재한다. 오행이 상호작용하는 방식을 '상생상극'相生相剋이라고 한다. 상생은 낳거나 돕는 관계다. 그림에서처럼 나무는 불을 타오르게 해주며(목생화), 불은 재가 되어 흙이 되고(화생토), 흙이 오랜 세월을 거쳐 단단해지면 바위가 되고(토생금), 바위 사이에서 물이 흐르고(금생수), 물은 나무를 키운다(수생목). 상극은 조절하고 제어하는 관계다. 나무는 흙을 뚫고 나오고(목극토), 흙은 물을 막아 내는 역할을 하며(토극수), 물은 불을 끌 수 있다(수극화). 불은 쇠를 녹여 버리며(화극금), 쇠는 나무를 베어 낼 수 있다(금극목).

사주명리는 자연이 서로 상호작용하며 순환하는 이러한 이치를 통해, 개인의 삶을 이해하고 균형을 찾아가는 지혜를 제시한다.

천간(天干)

천간天干은 사주명리에서 하늘의 기운을 나타낸다. 예로부터 하늘은 인간이 지향하는 궁극적 지향을 상징했다. 따라서 천간은 개인이 추구하는 욕망의 방향을 의미한다. 천간은 오행을 음과 양으로 나누어 총 열 가지로 이루어지며, 각 기호마다 고유한 특성을 지니고 있다.

갑목(甲木, 양목陽木)

양의 기운을 지닌 갑목은 곧게 솟은 큰 나무를 상징한다. 초봄에 땅을 뚫고 나오는 강력한 힘처럼, 긴 시간 깊은 고민을 하기보다 일단 먼저 행동하는 도전 정신을 지닌다. 봄의 시작과 닮아 어린 아이처럼 순수하고 사심이 없지만, 미숙한 면이 있다. 꼿꼿하게 서 있는 나무처럼 강한 독립성을 갖고 있지만, 큰 나무가 꺾이면 회복이 어려운 것처럼 한번 넘어지면 회복이 쉽지 않은 취약한 모습을 보이기도 한다.

을목(乙木, 음목陰木)

을목은 음의 기운을 지닌 목으로, 덩굴이나 작은 풀과 같이 부드럽고 유연한 기운을 의미한다. 덩굴이 벽을 타고 올라가듯 환경 변화에도 적응력이 뛰어나다. 지형지물을 잘 이용하는 만큼 주변 환경과 사람들의 도움을 잘 활용한다. 그만큼 사람들과의 관계에서 섬세하고 배려심이 깊다. 오행상으로는 목이기 때문에 겉으로는 외향적일 수 있으나 음의 기운을 지닌 목이기 때문에 주변의 눈치를 살피느라 자신의 의견을 표현하는 데 신중하거나 어려움을 느낄 수 있다.

병화(丙火, 양화陽火)

병화의 물상은 뜨겁게 타오르는 태양이다. 온 세상을 환하게 비추는 태양처럼 병화는 존재감을 드러내고 싶어 하고 화려한 것을 좋아한다. 예술적 감각과 풍부한 표현력으로 병화의 기운이 발휘되기도 한다. 불이 사방으로 퍼지는 것처럼 열정적으로 에너지를 쏟아붓기 때문에 체력이 급격히 소진되는 경우가 많다. 속도가 빠르기 때문에 때로는 작은 실수들을 할 수 있지만,

발산하는 기운이 강하기 때문에 뒤끝이 없고 상처에 연연하지 않는다.

정화(丁火, 음화陰火)

정화는 불이면서도 음적인 성향을 지닌다. 물상으로는 은은하고 작은 촛불에 비유한다. 음화이기 때문에 양화보다 좀 더 따뜻하고 침착하며 섬세한 감성을 지니고 있다. 타인에게 친절하고 예의 바르며, 세심한 배려심도 갖추고 있다. 하지만 예민하고 자의식이 강해 불이라는 본질상 갑작스럽게 감정이 폭발하는 경우가 있다. 겉으로 드러나지 않지만 내면에 뜨거운 불이 있어, 열정을 어떻게 활용하느냐에 따라 본인이 추구하는 방향으로 나아가는 데 동력이 될 수도 있고 화병이 될 수도 있다.

무토(戊土, 양토陽土)

무토는 광활한 땅이나 높고 큰 산을 상징한다. 그만큼 무엇이든 품을 수 있는 넓은 포용력과 안정감을 지니고 있으며 사람들에게 신뢰를 준다. 관계망이 넓고 크게 생각하는 성향이 있다. 그러나 무토의 땅은 척박하다. 아무것도 없는 거친 땅을 살아가기 위해 생존력이 뛰어나지만 황량하기 때문에 원하는 만큼 결실을 거두지 못하는 경우도 많다. 큰 산처럼 행동이 느리고 무거워서 창의성을 요구하는 일보다는 꾸준한 노력과 지구력이 필요한 일에 적합하다.

기토(己土, 음토陰土)

기토는 텃밭이나 작은 정원으로 비유된다. 크기는 작지만 비옥하고 풍요로운 땅으로, 본인의 땅 안에서 키우고 가꾸는 능력이 뛰어나며 그만큼의 결과를 얻는다. 하지만 작은 사이즈라는 한계 때문에 수용 범위 또한 좁으며, 자신의 영역 밖으로 벗어나지 않으려 한다. 부드럽고 온화하여 타인의 감정에 잘 공감하지만, 지나치게 자신의 영역에 집착하면 타인의 의견을 비판 없이 수용하거나 의존적인 성향으로 나타날 수 있다.

경금(庚金, 양금陽金)

경금은 쇳덩어리나 큰 바위를 상징한다. 따라서 단단하고 냉철하기 때문에 구조화와 조직화에 능하며, 강한 의지력을 바탕으로 일을 추진하거나 결단을 내리는 데 뛰어나다. 따라서 실질적인 결과를 얻는 데 유리하다. 하지만 때로는 자신의 논리에 갇혀 독선적이거나 고집스러운 모습을 보이기도 한다. 자신의 강한 원칙과 소신을 바탕으로 판단하며, 자신에 대한 절제력도 뛰어난 편이다.

신금(辛金, 음금陰金)

신금의 물상은 작지만 날카롭게 제련된 금속이다. 예리하고 세심하기 때문에 사소한 부분까지 꼼꼼히 챙긴다. 일을 처리할 때 두루뭉술하고 대충 처리하기보다는 정확한 사실 관계를 중요시한다. 또한 빈틈없고 꼼꼼하여 본인의 실수를 용납하기 어려워한다. 완벽주의적 성향은 업무 면에서는 훌륭하지만, 일이 잘 풀리지 않거나 예상치 못한 상황에서 스트레스를 쉽게 받는다. 음금답게 차분하고 침착하며, 타인을 배려하는 섬세한 면모도 지니고 있다.

임수(壬水, 양수陽水)

크고 넓은 바다와 강은 임수를 상징하는 물상이다. 물이지만 양의 기운이기 때문에 겉으로는 활달해 보인다. 하지만 물 자체는 수렴성이 강하여 내면에는 깊고 근원적인 사유와 영적인 세계에 대한 관심이 자리 잡고 있다. 넓으면서도 유연성을 지니고 있어 대인 관계에서 유연하고 폭넓게 사람을 포용할 수 있다. 신비하고 미스터리한 심해처럼 임수는 본인의 속내를 드러내지 않아 타인이 속내를 알기 어려운 경우가 있다.

계수(癸水, 음수陰水)

졸졸 흐르는 시냇물은 계수의 모습과 닮았다. 외부의 지형지물에 따라서 모양과 방향을 바꾸는 작은 물줄기처럼 계수는 바뀌는 외부 환경에 따라 유연하게 적응하는 능력이 뛰어나다. 음적인 성향이 강하기 때문에 밖으로 발산하기보다는 수렴성이 강하여 내적으로 깊이 있게 집중하는 경향이 있다. 이로 인해 속도는 느리지만, 장기적으로는 한 분야에서 뛰어난 성과를 거두곤 한다. 하지만 겉으로 드러내지 않기 때문에 속내를 파악하기 어렵고, 우울감에 빠지기도 한다.

지지(地支)

천간이 욕망과 사유의 방향성이라면 지지地支는 환경과 연관되어 있다. 한마디로 몸으로 부딪치는 '현장'이다. 천간이 눈에 보이지 않는 세계라면, 지지는 눈에 보이는 세계다. 마음먹은 대로 몸이 따라 주지 않는 것처럼 둘 사이엔 시간차가 존재한다.

천간이 목화토금수 오행의 흐름에 따라 열 가지로 나누어졌다면, 지지는 열두 가지로 나눠진다. 지지의 열두 글자는 동물로 상징된다. 현장성이 강하기 때문에 천간보다는 더 구체적인 생명으로 표현했다고 볼 수 있다. 우리가 흔히 알고 있는 용띠, 뱀띠와 같은 기호도 태어난 해의 땅, 지지의 기호다. 지지를 볼 땐 오행의 성질을 품은 동물을 떠올리면서 해석을 확장시키면 된다.

자수(子水)

쥐, 음수(陰水), 깨끗한 물, 차가운 이슬, 도화살 / 대설, 동지 / 자시(23:30~01:30)

어렵고 추운 시절은 씨앗을 만들 수 있는 기회이기도 하다. 자수는 물의 속성을 지니고 있기에 지혜와 영성에 관심이 많다. 쥐가 번식하는 곳은 어둡고, 보이지 않는 곳이다. 또, 쥐는 축축

하고, 은밀한 곳에서 새끼를 많이 낳는 번식의 왕이기도 하다. 그렇기에 자수는 드러나지 않은 욕망과 애정, 은밀함과 연결 짓는다. 늘 바쁘게 움직이는 쥐처럼 근면, 실용, 실속으로도 해석한다. *자자 병존竝存: 인기, 활인업(의술, 상담, 역술가 등)

축토(丑土)

소, 음토(陰土), 한겨울의 땅, 빙판, 명예살 / 대한, 소한 / 축시(01:30~03:30)

대한과 소한은 엄청난 추위가 닥치는 계절이다. 이 시기엔 추위를 견디며 한 걸음씩 가는 수밖에 없다. 축토는 우직하고 성실하다. 우직하다는 말은 다른 말로 풀면 '황소고집'이다. 스스로 느끼기 전에는 다른 사람의 말을 잘 듣지 않는다. 정직하지만 답답하기도 하다. 그러나 소는 가죽, 살, 뼈(심지어 꼬리뼈)까지 다 쓰이는 유용한 동물이다. 축토는 공공의 이익, 대의명분을 중요한 가치로 여긴다. *축축 병존: 집중력, 세심함, 프리랜서

인목(寅木)

호랑이, 양목(陽木), 봄의 용출력, 역마살 / 입춘, 우수 / 인시(03:30~05:30)

땅을 뚫고 나오는 새싹처럼, 호랑이는 거침이 없다. 인목은 활발하고 추진력이 있다. 앞으로 뻗어 나가는 봄의 기운이기에 성장, 성과, 인정욕망의 코드와 연결된다. 홀로 사냥하는 호랑이처럼 인목은 독립적이며 자존심과 뚜렷한 주관을 지니고 있다. 그러나 새로운 시작은 언제나 서툰 법! 인목은 봄처럼 순수하

고, 용맹스럽지만 서툴다. *인인 병존 : 활동적, 적극적, 갑작스러운 성공과 실패

묘목(卯木)

토끼, 음목(陰木), 작은 나무, 화초, 도화살 / 경칩, 춘분 / 묘시(05:30~07:30)

경칩에는 동물들이 깨어나 활동하기 시작한다. 목 기운이 가장 왕성한 시기다. 묘목은 분주하게 뛰어다니는 토끼의 속성을 지니고 있다. 토끼도 번식력이 좋다. 은밀하게 숨긴 쥐와는 달리 토끼는 욕망과 재능을 드러내놓고 발산하고, 에너지를 분산시킨다. 토끼털은 붓을 만드는 데 쓰이는 것처럼, 묘목은 총명하고, 창의적이다. 그러나, 포식자로부터 생존해야 하는 숙명 때문인지 경계심과 불안함이 있다. *묘묘 병존 : 생명 다루는 일이나 창조적인 예술 계통의 일

진토(辰土)

용, 양토(陽土), 넓은 땅, 명예살 / 청명, 곡우 / 진시(07:30~09:30)

용은 12지 동물 중 유일하게 현존하지 않는, 상상의 동물이다. 진토는 용으로 상징되는 비현실, 비전, 이상과 같은 속성을 지니고 있다. 용의 모양은 현실에 존재하는 아홉 가지 동물의 형상을 따서 만들었다. 그렇기에 현실과 비전을 융합, 통합하는 힘을 지니고 있다. 진월에는 부지깽이만 꽂아 놔도 싹이 난다는 말처럼 준비된 땅은 결실을 잘 맺는다. 자신감, 자만심, 명예

와도 연결된다. *진진 병존 : 탐구와 통찰하는 힘이 좋음. 피부 관련 질병 조심

사화(巳火)

뱀, 양화(陽火), 태양, 화산, 용광로, 역마살 / 입하, 소만 / 사시(9:30~11:30)

사화는 독을 품고 빠르게 움직이는 뱀의 속성을 지니고 있다. 맹렬한 활동력과 열정이 있다. 앞으로 강하게 나아가는 뱀은 성질이 급하고, 모호한 걸 싫어한다. 뒤로 돌아갈 줄 모르기에 솔직한 게 매력이지만, 조절이 필요하다. 독을 지니고 있어, 매력적이지만 아프게 쏠 때도 있다. *사사 병존 : 가만히 앉아 있지 못함, 역동적인 일 적합

오화(午火)

말, 음화(陰火), 달이나 촛불, 도화살 / 망종, 하지 / 오시(11:30~13:30)

농사일은 망종과 하지 때 가장 바쁘다. 오화는 강한 화의 기운과 말의 활동력, 폭넓은 대인관계, 역마의 힘을 지니고 있다. 오화 자체는 역마의 기운이 아니지만, 강한 활동력으로 역마의 기운까지 지니고 있다. 광활한 들판을 뛰어 노는 말처럼 오화는 체질적으로 꽉 막힌 상황을 힘들어한다. 어둠을 밝히는 음화의 속성이기에 어둠을 밝히는 교육, 언론에 관심이 있다. *오오 병존 : 속도 조절이 관건, 인기 얻는 직업

미토(未土)

양, 음토(陰土), 사막의 흙, 명예살 / 소서, 대서 / 미시(13:30~15:30)

미토는 양의 온순함과 염소의 사나움을 지녔다. 겉으로는 부드러우나 내면에는 고집과 사나움이 있다. 양은 제물로 바쳐지는 동물이라 희생의 아이콘으로 불리기도 한다. 축토는 인류와 같은 대의명분을 위해 뼈를 바친다면, 양은 내 가족, 애인 등 내가 소중하게 생각하는 사람에게 헌신한다. *미미 병존 : 잘 사용하면 내공 탄탄, 잘못 사용하면 왕고집

신금(申金)

원숭이, 양금(陽金), 바위산, 무쇠, 역마살 / 입추, 처서 / 신시(15:30~17:30)

입추에는 하늘에서 서늘한 바람이 불기 시작한다. 가을, 음기의 시작이다. 신금은 재주 많고, 총명한 원숭이의 속성을 지녔다. 그러나 혼자 있는 걸 좋아하고 변덕스럽다. 입추에 작물은 열매를 맺고, 씨앗을 만든다. 금 기운은 구체적으로 결실을 맺는 힘이기에 신금은 실리를 추구하고, 절제력이 있다. *신신 병존 : 지나친 활동성. 신체 중 하체 조심

유금(酉金)

닭, 음금(陰金), 칼, 보석·시계 등 귀금속, 도화살 / 백로, 추분 / 유시(17:30~19:30)

닭은 직관력이 뛰어나다. 해가 뜰 시간이 되면 소리를 내 아침을 열고 사람을 깨운다. 천간의 신금과 공유하는 기운이 많다.

닭의 부리는 뾰족하고, 세밀하기 때문에 의학에 재능이 있고, 종교적인 면모도 있지만 날카로운 부리로 사람을 공격하기도 한다. 또 닭은 멀리 나가지 않고 정해진 장소에서 생활하는 정주 동물이기도 하다. *유유 병존 : 세밀함, 잘못 쓰면 자신이나 타인 해침, 인기 또는 생명 다루는 직업

술토(戌土)

개, 양토(陽土), 바위나 산, 추수한 땅, 명예살 / 한로, 상강 / 술시(19:30~21:30)

술시는 하루를 마무리하는 시간이다. 수확이 끝난 땅이라 결실보다는 결실 이후의 정리, 전환, 재배치의 속성과 연결되어 있다. 새로움은 텅 빈 땅에서 일어난다. 개 또한 마찬가지다. 개는 야생과 가축 사이를 왔다 갔다 한다. 비워야 사이를 거닐 수 있다. 술토는 마무리하는 힘이다. *술술 병존 : 해외에서 활동할 기회 많음

해수(亥水)

돼지, 양수(陽水), 바다나 강물, 역마살 / 입동, 소설 / 해시(21:30~23:30)

돼지 또한 제사상에 올라가는 영적인 동물이다. 보이지 않는 세계, 예술, 종교, 철학에 대해 관심이 많다. 그러나 양의 기운이기 때문에 자기를 숨기지 않는다. 돼지는 잘 먹고, 똑똑하고, 새끼를 많이 낳는다. 다산과 풍요를 상징한다. *해해 병존 : 활동적인 직업, 생명 다루는 일

육친(六親)

앞에서 살펴봤다시피 오행은 상생하고 상극하는 운동의 리듬으로 움직인다. 사람의 삶도 '당연히' 오행의 순환을 타면서 흐른다. 생하고 극하면서 펼쳐지는 자연의 리듬을 인간사로 풀어낸 것이 '육친'六親이다. 육친은 일간인 나를 포함하여 펼쳐지는 여섯 가지 친족·사회적 관계를 나타낸다. 친족 관계란 부모, 형제, 친구, 연인/부부 관계이고, 사회적 관계는 직장, 재물, 말, 공부 등 살면서 겪는 사회적 관계를 말한다. 육친이라는 말을 보면 알 수 있듯이 사람은 관계 속에서만 생명을 이어 갈 수 있는 존재다.

그렇다면 육친의 생극 운동은 어떻게 구성되어 있을까? 음양오행의 상생·상극 관계에 대해 이해한다면, 쉽게 알 수 있다. 육친은 비겁−식상−재성−관성−인성의 과정을 밟으면서 순환한다. 목·화·토·금·수 중 하나의 일간을 떠올려 보자. 예를 들어, 내 일간이 목木이라면, 내 일간과 같은 목 기운은 비겁이고, 목이 생하는 기운인 화火는 식상, 목이 극하는 기운인 토土는 재성이다. 목을 극하는 기운인 금金은 관성이라 부르고, 목을 생하는 수水는 인성이다. 육친도 오행과 마찬가지로 내가 낳고, 극하고, 나를 극하고, 생하는 기운으로 구성된다. 물론, 각각의 육친은 음양에 따라 다르게 구별된다. 재성이라고 해도 일간과 음양이 같다면 편재, 다르다면 정재라 부른다.

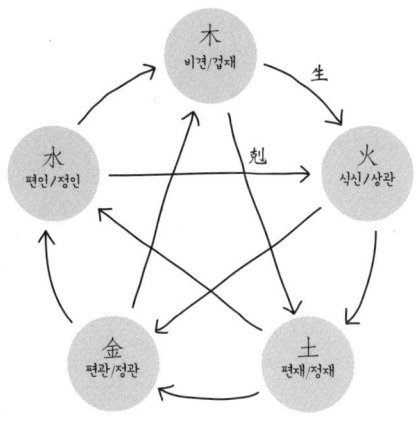

　사주 여덟 글자에서 오행 중 같은 기운이 3개 이상(월지를 포함하는 경우는 2개)이면 발달, 4개 이상이면 해당하는 육친이 태과했다고 판단한다. 그러나 사주명리는 관계의 학문이다. 어떤 위치에, 어느 배치 안에 있느냐에 따라 힘은 달라진다. 대운·세운까지 합치면, 더 면밀하게 볼 수 있다. 개수로 육친을 판단하는 건 가장 기초적인 방법이니 참고만 하는 게 좋다. 여섯 가지 관계를 자세히 살펴보자.

비겁(비견+겁재)

비겁比劫은 일간과 같은 오행을 뜻한다. 일간과 음양이 같으면 비견比肩, 다르면 겁재劫財라고 부른다. 비겁은 나와 오행이 같기 때문에 동일한 기운을 쓰는 힘이다. 주체성, 자기애, 자기만의 정신세계를 나타낸다. 인간관계로는 친구, 동업자, 형제자매, 선후배, 동료, 경쟁자이다. 사주 여덟 글자에서 일간과 같은 오행이 많으면 사주에 비겁이 많다고 한다. 비겁은 나의 세계를 확장하는 힘이다. 나를 고집하는 힘이기도 하다. 자기만의 세계에서 벗어나지 않는다.

자기 영역이 넓고, 완고하다는 건 자기만의 세계와 기준이 있다는 말이다. 비겁이 강한 사람은 본인의 호불호가 확실하고, 자기의 기준이 강하다. 자기를 지키려는 욕망이 강하기 때문에 손해인 줄 알면서도 남의 말을 무시하거나, 고집을 피우기도 한다. 독립적인 성향으로 남에게 도움받는 건 꺼리지만, 친구나 동료와 경쟁하고 협력하는 걸 잘한다.

비겁은 나라는 틀 안에 있는 영역이기 때문에 비겁은 개인적인 이야기를 편안하게 나누며 사람들과 관계 맺는 걸 좋아한다. 위계적으로 관계 맺기보다는 사람들과 친구처럼 편안하게 사귈 수 있다. 비겁은 재성을 극하는 기운이기도 하다. 사회적 네트워크인 재성의 활동성을 막는 건 강하고 뻣뻣한 자아다. 때문에 비겁은 자영업자나 운동선수가 어울린다. 경쟁 상황에서 주체적으로 극복하는 힘이 강하기 때문이다.

식상(식신+상관)
식상食傷은 일간이 생하는 오행이다. 일간과 음양이 같으면 식신食神, 음양이 다르면 상관傷官이라 부른다. 내가 낳는 힘, 생하는 기운이기 때문에 보통 내 영향권 아래 있는 아랫사람, 특히 여자의 경우 자식을 뜻한다. 식상은 비겁에서 출발하는 첫 스텝이다. 나의 영역을 뜻하는 비겁에서 한발 더 나아가는 힘이기도 하다. 자기 껍질을 깨려면 강한 힘이 필요하다. 식상은 건강한 활동력, 세상과 즐겁게 만나는 모습을 떠올리면 된다.

나로부터 벗어나는 첫 걸음이기 때문에 식상은 자기 만족을 위한 일차원적 욕망이다. 먹고, 말하고, 즐기는 힘! 글쓰기, 말하기, 먹기, 기르는 행위, 여행 등 자기 안의 욕망을 표현하고, 뭔가를 새롭게 하려는 힘이 식상이다. 식상이 많은 사람은 말이 많고, 말주변이 좋다. 자기를 표현하는 힘이 강하기 때문이다. 글을 써도 식상이 많은 사람은 많이 쓰고, 잘 쓴다. 재잘재잘 말도 잘한다. 또 잘 먹는 사람에게는 복이 오는 법! 식상은 행운과도 연결된다. 활동성과 생산성이 활발하면 도움을 주는 사람과 재물은 따라온다. 비겁이 개인적인 이야기를 나누면서 사람을 만나는 힘이라면, 식상은 먹고 떠들면서 사람을 사귀는 힘이다. 식상은 좁은 범위의 친목 모임을 지향한다.

그러나 식상은 첫발이기 때문에 아직 서툴다. 결과를 끌어내기에는 미숙하다. 식상이 과다한 사람은 발상과 에너지가 다양하고, 넘치기 때문에 행동보다 말이 먼저 나오기도 한다. 그러나 일은 매듭지어야 결과가 된다. 결과를 끌어내고, 재물을 모으기에는 부족한 힘이다. 또 식상은 관성을 극한다. 새로 시작하는 기운으로 형식적 규율이나 체계적인 조직 생활, 억압적이고 부조리한 상황 등을 깨는 힘이다.

식상이 발달한 사람은 말하는 힘을 잘 쓸 수 있는 변호사, 교사와 같은 직업이나 작가, 예술가 등 창조하는 직업, 시민단체 활동가, 언론인 등 새로운 장을 만들 수 있는 직업들이 잘 맞는다.

재성(편재+정재)

재성財星은 내가 극하는 기운이다. 일간과 음양이 같으면 편재偏財, 다르면 정재正財라 부른다. 내가 극하는 기운이란 내가 갖기 위해 애쓰는 힘이다. 관계로 살펴보면 재성은 아버지, 남자에게는 아내를 뜻한다. 재성은 내가 극하는 기운이지만, 식상이 생하는 기운이기도 하다. 즐겁고 활동적인 식상의 영역에서 더 나아가면 재성이다. 일의 시작이 식상이라면 재성은 결과다. 결과를 내고, 일을 갈무리하는 것. 그렇기에 재성은 재물, 일복과도 연결이 된다.

재성이 많은 사람은 타고난 일복이 많다. 일이 없으면 스스로 찾아서라도 한다. 그러나 결과를 내는 힘이기 때문에 재성이 많은 사람은 중간 단계를 건너뛰고, 결과에만 집착하는 경우도 있다. 과정의 즐거움, 차서를 천천히 밟아 가는 리듬을 익히는 것이 중요하다. 또 재성은 인성을 극하는 힘이기도 하다. 재물 활동이 많으면 공부와는 자연스럽게 거리가 생긴다. 사물의 본질을 탐구하기보다 사물을 취하는 데 마음이 쏠리기 때문이다. 재성은 일간인 내가 제어하고, 조종하는 힘이기 때문에 다른 영역보다 나의 기운을 많이 쓰게 된다. 재성이 많은 사람은 기력 소모가 많다.

또 좁은 범위의 친목인 식상에서 더 나아가 사회적인 활동이 펼쳐지는 현장이다. 재성은 재물을 취하고, 더 넓은 세상에서 활동하는 힘이기도 하다. 재성이 많은 사람은 다양한 사람과 교류하려 하고 복잡한 관계에서 자기 위치를 찾으려 한다. 사회적 관계를 원만하게 맺고, 넓게 사람을 사귄다. 사회생활의 기운이기에 사회의 일원으로 경제활동에 참여하는 직업에 어울리며, 돈과 관련된 직종에도 잘 맞다.

관성(편관+정관)

관성官星은 일간을 극하는 기운이다. 일간과 음양이 같으면 편관偏官, 다르면 정관正官이라 부른다. 나를 극하는 기운이란 나를 통제하는 힘이다. 비겁에서 식상, 식상에서 재성까지는 내가 생하고 내가 극하는 힘이므로 내 기운을 쓰는 활동이라면, 관성부터는 장이 바뀐다. 내 리듬대로 뻗어 나가지 못하게 막는 힘이다. 우리는 흔히 인생의 의미를 재물에서 찾기도 한다. 재물을 버는 것이 최종 종착지라 말한다. 그러나 사주명리에선 내가 생하고, 내가 극하는 기운만으로는 삶이 움직이지 않는다. 순환하려면, 다음 단계인 관성으로 넘어가야 한다. 인간관계로 보면 관성은 여성에겐 남성, 남성에겐 자식이다.

사주명리의 핵심은 '운동과 순환'이다. 내가 극하는 기운과 나를 극하는 기운 덕분에 우리는 '나'라는 알을 깨고 나올 수 있다. 관성은 재성에서 한 단계 더 나아간 힘이다. 사회 구성원 속에서 타자들과 섞이고, 부딪쳐야 나를 객관적으로 볼 수 있다. 나를 객관적으로 볼 때, 나를 절제하게 되고, 타자와 리듬을 맞춰 가게 된다. 관성이 강한 사람은 개인의 의견보다는 공공의 가치, 대의명분을 더 중요하게 여기기도 한다. 관성은 관계에서 수직적인 모습으로 나타난다. 재성이 수평적인 관계라면, 관성은 체계적인 조직 규율이기 때문이다. 경직된 관계를 맺는 경향이 있다.

관성의 힘을 리더십이라 칭하기도 한다. 조직 안에서 내가 놓인 상황을 잘 제어하고, 조절하며, 규칙과 질서를 바탕으로 일관성을 유지하는 힘이 있다고 보기 때문이다. 리더에게 필요한 자질이다. 관성은 비겁을 극하기 때문에 친구, 형제, 동료와의 관계에서도 우위를 점하려고 한다. 관성이 강하면 관계에서 내 마음대로 하고 싶은 욕망이 발현되기도 한다. 관성은 인성을 낳는다. 강한 관성을 잘 조율하기 위해선 인성이 필요하다. 지혜를 상징하는 인성으로 관성의 기운을 흘려보내면 된다. 인성은 비겁을 생하기 때문에 비겁의 힘을 키워 주어, 비겁이 관성의 극에 맞설 수 있게 한다. 관성은 공적 활동을 하는 체계화된 직업군이 어울린다.

인성(편인+정인)

인성印星은 일간을 생하는 기운이다. 일간과 음양이 같으면 편인偏印, 일간이 다르면 정인正印이다. 나를 생한다는 건, 나를 먹이고 기르는 힘이다. 인성은 관계로 보면 어머니 자리이기도 하다. 어머니는 나를 낳는 존재다. 그러나 우리는 살면서 단 한 번 어머니 뱃속에서 태어난다. 사회적 존재로 나를 끊임없이 살려 주는 힘은 공부다. 때문에 인성은 지혜와 공부의 힘으로 상징된다. 한마디로 인성은 일간의 뿌리가 되는 영역이다. 내가 발산하는 힘은 식상과 재성이다. 관성의 단계부터는 타자를 만나 나를 들이받고 밀치는 기운, 즉 수렴하는 기운을 받게 된다. 내 리듬에 브레이크가 걸렸을 때, 우리는 생각한다. 사유하고 성찰한다. 그 힘이 인성이다. 인성까지 통과하고 나면 다시 비겁이다. 그때의 비겁은 이전의 나와는 다른 존재로 작동한다. 인생은 비겁부터 인성까지 통과하는 것, 매번 새로운 내가 되는 리듬으로 움직인다.

어머니는 자애롭고, 따뜻한 이미지를 떠올리게 한다. 인성은 보살핌 받고, 도움을 받는 힘이다. 인성이 많은 사람은 도움을 잘 받기도 하고, 도움을 잘 주기도 한다. 사랑은 받은 만큼 베풀 수 있는 힘이 있다. 인성이 많은 사람은 약자를 향한 따뜻한 시선과 돌봄의 힘이 강하기도 하다. 무엇보다 인성의 힘은 사유와 통찰이다. 본질을 통찰하고, 파악하는 힘이다. 인성이 강하면 사유하고, 탐구하기를 좋아한다. 그런 면에서 우리 시대의 학교 공부는 인성보다는 관성의 힘이 강하다.

    탐구를 구체적으로 하려면 언어가 필요하다. 사유는 언어로 시작되어 종이에 마무리하면서 끝난다. 철학적으로 완성한 뒤, 도장 찍는 자리에 올라가는 것이라 해석할 수도 있다. 이처럼 인성은 문서, 자격증과 연결된다. 자격증을 바탕으로 하는 전문직이나 문서가 필요한 부동산과 같은 일에 잘 맞다. 활동적인 직업과는 어울리지 않는다.

    오행의 순환으로 보면 인성은 식상을 극한다. 나의 즐거움을 위해서 서툴지만 말부터 하고 보는 식상의 기운을 막을 수 있는 건 생각하는 힘이다. 과한 식상은 인성으로 조율할 수 있다. 그러나 인성이 과하면 보살핌받는 존재로 머무르고 싶어 한다. 안락한 어머니 품 안에만 있으면 존재는 고인다. 새롭게 시작하기 위해선 일단 저지르는 힘이 필요하다. 인성이 많은 사람 중에 마마보이, 마마걸이 많은 이유이기도 하다. 따뜻한 품을 벗어나 새롭게 나아가야 한다.

자신을 읽고, 세상과 연결되는 글쓰기

사주명리를 공부한다는 것은 자연의 원리를 바탕으로 자신을 읽어 내는 하나의 렌즈를 손에 쥐는 일이다. 세상에 태어나 우주와 처음 감응한 순간인 생년월일시에는 나에 대한 수많은 정보가 담겨 있다. 그 정보를 바탕으로 우리의 삶 속에 반복되는 리듬과 패턴을 파악한다. 즉, 내가 일상에서 반복하고 있는 심리와 행동적 패턴이 결국 '나'라는 것이다. 그래서 '나는 왜 이럴까? 나는 어떤 사람이지?'라는 질문에 답할 수 있는 실마리를 얻게 된다. 존재성에 대한 탐구는 결국 어떻게 살아야 할지에 대한 고민에서 인간과 세상에 대한 통찰로 이어지게 만든다.

사주명리를 통해 자신을 읽어 가는 과정에서 우리는 모든 사람의 팔자가 불균형하다는 것을 알게 된다. 어떤 오행은 많고, 어떤 오행은 불급하다. 과다한 오행은 기운을 과도하게 써서 문제가 되고, 부족한 기운은 순환되지 못하여 문제가 된다. 많아도 문제고, 적어도 말썽을 피운다. 그래서 모든 팔자, 모든 인간은 괴롭다. 각자 주어진 조건이 다르지만, 그 배치 속에서 자신도 모르게 문제가 되는 심리와 행동을 반복하며 삶을 살아간다. 사주명리학은 자신도 모르게 반복하고 있던 혹은 알면서도 반복하며 삶의 번뇌를 만드는 자신의 패턴을 파악하는 데 유용하다. 본인이 타고난 오행적 조건을 파악하며 팔자의 불균형을 읽어 내면 어떨 것 같은가? 역시 내 팔자는 망했다며 한탄하게 될까? 아니다. 가장 먼저 본인의 삶과 대조해 보며 본인의 성향과 주어진 조건들에 대해 놀라게 된다. '화 기운을 너무 많이 써서 그랬구나, 수 기운이 부족하여 그랬던 거구나' 하면서 본인도 알지 못했던 모습을 발견하여 이해하게 되면 이해한 만큼 통쾌해진다.

그래서 나에게 주어진 운명의 패턴을 해석하는 건 오로지

내 몫이어야 한다. 왜냐하면 사주명리는 운명의 기본 베이스만 제공해 주기 때문이다. 나에게 주어진 삶을 오롯이 살아간 주체가 '나'이기 때문에 기본 베이스 위에서 그 구체성을 채워 가는 건 본인이어야 한다. 기본 베이스가 동일하더라도 수많은 인연 조건과 섞이며 각자의 현장은 다르게 펼쳐진다. 예를 들어, 식상이 많은 사람을 그룹으로 모아 놨다고 해보자. 그들의 리듬이 완벽하게 동일할까? 누군가는 식상이 많아도 실제로 말은 잘 못할 수 있지만 말을 잘하고 싶은 욕망으로 발현된다. 또는 일상을 폭풍 같은 수다로 가득 채우는 사람도 있을 것이다. 여성의 경우 식상이 없어도 자식을 셋 이상 낳을 수도 있고, 식상이 많더라도 자식과 인연이 약할 수도 있다. 여덟 개의 간지는 모두 가능성으로 존재한다. 그 가능성을 구체적인 내 삶과 연결하여 해석하다 보면 기존의 자신이 다각도로 읽히는 체험을 하게 된다.

여덟 글자를 구체적으로 내 삶과 연결하기 위해서는 자신을 긴밀하게 관찰하는 과정이 필요하다. 자신을 관찰하고 탐구하는 과정에서 글쓰기는 필연적이다. 쓰지 않으면 명료하게 볼 수 없다. 여덟 글자가 원소처럼 분리된 것이 아니라 각자의 위치에서 서로서로가 긴밀하게 연동되어 있기 때문에 그것을 읽어 내기 위해선 써야 한다. 이렇게도 해석해 보고, 저렇게도 해석해 보며 본인의 팔자를 매번 변화무쌍하게 읽어내 보자. 그러려면 관찰할 수밖에 없고, 관찰한 것을 사주명리와 연결하기 위해선 쓸 수밖에 없다. 세상에 무언가 써 내고 흘려보내는 행위 자체가 세상과 긴밀히 연결되는 것이다.

사주명리학을 공부한다는 것은 결국 보편적인 자연의 기운으로 자신을 해석한다는 것이다. 내가 우주적 순환 운동과 긴밀하게 연결되어 있음을 알게 되면 내 삶 역시 자연의 리듬에 맞춰 살아가게 된다. 어딘가가 막혀 있다고 느껴진다면, 그때마다 사주명리를 펼쳐 보라. 그때마다 나를 세상에 흘려보내 줄 수 있는 힌트를 얻을 수 있을 것이다.

몸과 삶이 만나는 글,
누드 글쓰기

베짱이 도서관 편

배짱으로 산다 · 박소영

내가 만드는 나의 운명 · 이경화

'나' 중심에서 '세상' 중심으로 · 김지영

갑목, 숲을 꿈꾸다 · 박보경

을유, 칼을 품은 풀은 어떻게 사는가 · 김주란

배짱으로 산다

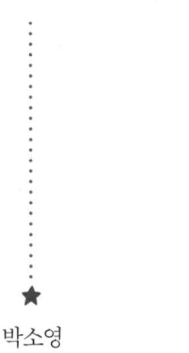

박소영

시	일	월	연
丙	乙	辛	丙
戌	亥	丑	辰

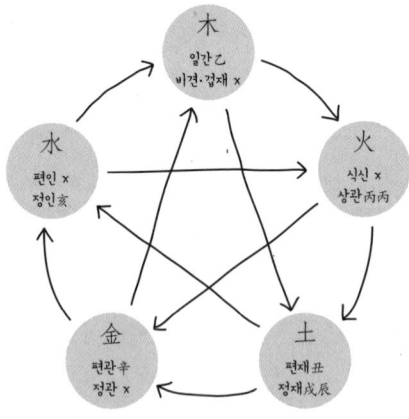

어렸을 때 나는 수줍음 많은 조용한 아이였다. 세상과 사람에 대한 호기심은 많았다. 꼬리에 꼬리를 물고 이어지는 상상. 틈날 때마다 이야기를 떠올려 동화를 지었다. 배경은 대부분 논이 있는 시골이었다. 대여섯 살 때 엄마를 따라 딱 한 번 가 본 시골 논 풍경이 머릿속에서 떠나질 않았기 때문이다. 청소년이 되어 학교와 집을 오가는 아스팔트 길을 걸으면서 그때 만난 논을 종종 떠올렸다. 그러면 마음이 그렇게 편안할 수 없었다. 부모님께 듣자 하니 약수터에 가시는 부모님을 따라다니기 시작했을 무렵부터 산에 가서 살자는 말을 많이 했다고 한다. 타고나기를 나는 시골 정서를 가진 사람이었다.

명리학을 공부하며 마음이 편했던 것은 명리학이 다름 아닌 자연학이기 때문이다. 처음에는 운명에 관한 학문이란 점이 흥미로웠지만 공부를 할수록 '연결과 순환'이라는 자연의 이치를 고스란히 품은 자연학임을 깨달았고 그 점에 '자연스레' 이끌렸다. 내 안에 나무, 불, 흙, 쇠, 물이 있다니. 그 기운들이 거대한 우주와 마주치고 조화를 이루며 살아간다니. 궁금했다. 내 삶은 얼마나 자연과 닿아 있고 혹은 멀어져 있는 걸까?

존재의 뿌리, 을목

나는 1977년 1월 18일 술시에 태어났다. 추운 겨울밤 세상과 처음 만났다. 생일에 해당하는 천간이자 운명의 방향성을 보여주는 일간은 을목이다. 담쟁이, 덩굴 식물, 키가 작은 초목을 상징한다. 지금 나는 마을에서 12년째 개인도서관을 운영하고 있다. 도서관 자리는 한 번 옮겼는데, 첫 도서관 터에는 마당에 덩굴 식물인 등나무가 있었다. 지금 건물은 사방이 담쟁이로 둘러싸여 있다. 이 식물들은 자리를 계약하는 데 결정적인 발판이 되었다. 등나무를 봤을 때는 나무 아래 사람들이 옹기종기 쉬는 모습이 그려졌고, 담쟁이는 보자마자 말할 수 없이 편안했는데 모두 내가 을목이라 끌렸던 모양이다. 을목은 주변을 휘감고 가지를 뻗어 성장하는 담쟁이처럼 생명력과 적응력이 탁월하다. 생존력은 어려서부터 뛰어났다. 세 살 터울 오빠가 커서도 계속 안겨서 머리를 감아 엄마가 많이 힘들어했는데, 그걸 보며 쭈그려 앉아 한껏 머리를 숙이고 내가 말했단다. "엄마, 내 머리로 물 부으세요." 어떻게 해야 사랑받고, 살아남는지 본능적으로 알았던 것이다.

둘레와 화합하며 존재를 부드럽게 뻗어 가는 을목은 섬세하고 예민하며 유연한 추진력을 갖고 있지만 그만큼 자립심이 부족하다는 특징이 있다. 그동안 삶의 굽이굽이 참 많은 사람들의 도움을 받았다. 나는 다른 복은 없어도 인복은 많다고 느꼈는데, 그렇다는 얘기는 주위의 도움을 숱하게 받고 살았단 얘기 아닌가.

"안녕하세요. 도서관 첫 행사 소식을 문자로 받았어요. 준비는 다 되신 건지요?"

"이제부터 슬슬 해봐야죠. 하하"

"헉. 며칠 안 남았는데… 제가 가서 뭐라도 좀 도울까요?"

"그래 주시면 저야 너무 감사하지요!"

도서관 초창기 때 이웃과 나눈 대화다. 도와주셔서 정말 고맙습니다, 같은 말을 지금껏 내가 얼마나 했나 셀 수도 없다. 도서관에서 무슨 일을 꾸밀 때마다 이웃들과 과정을 함께한다. 도와 달라는 말을 하기가 너무 어렵다는 친구 랄라는 나를 신기하게 본다. "너는 어쩜 그런 말을 그렇게 잘해?" 내 대답은 한결같다. "내 혼자서 우째 하라꼬."

사주팔자 네 기둥에서 위의 천간 네 글자는 내가 타고난 욕망이나 사유의 방향을, 아래 지지 네 글자는 직업이나 환경, 체력 등 삶의 구체적 현장을 말해 준다. 지지 중에서는 월지의 점수가 가장 높은 비율을 차지한다. 계절값에 해당하는 월지의 기온적 특성이 사람의 기운에 크게 반영되기 때문이다. 내 월지는 한겨울 꽁꽁 얼어붙은 땅인 축토다. 절기로 치면 소한과 대한 즈음. 을목 바로 아래 일지인 해수의 절기는 입동과 소설로 역시 겨울물이다. 차가운 겨울 에너지인 축토는 해수와 자수를 만나면 물로 변할 만큼 수 기운이 강한 토로 해석된다. 한마디로 내가 발 딛고 있는 땅은 춥고 습한 환경이다. 실제로 몸도 그렇다. 습진을 달고 산다. 몸을 잘 움직이지 않으면 대사의 동력이 떨어져 습기가 흩어지지 않고 몸이 무거워진다 해서 틈틈이 걷는다. 그러면 손발이 잠깐 따듯해지지만 금방 다시 차가워진다. 여름 빼고는 손발이 늘 찬데 그래도 천간에 병화 두 개가 좌우 양쪽에서 빛을 비춰 줘서 얼어 죽진 않는 듯하다. 그나마 다행이다.

두 개의 태양

병화는 태양을 상징한다. 태양은 뜨겁고 강렬한 빛을 내뿜는 존재이기 때문에 열정과 자신감, 배짱에 비유하기도 한다. 늘 수줍고 조용했던 내 안에 이렇게 뜨거운 열정이 있구나, 처음 느낀 것은 대학교 동아리 활동에서였다. 대학에 입학하면서 록밴드 동아리 오디션을 보겠다는 친구를 따라갔다가 얼떨결에 음악 생활을 시작했다. 듣는 귀가 좋아 혼자서 기타와 풍금을 연주하며 노래하던 아버지의 재능을 고스란히 물려받아 나는 어려서부터 음감이 뛰어났고 음악을 좋아했다. 음악가로 살고 싶단 꿈을 품은 적도 있는데 드디어 실천해 볼 기회가 생긴 것이다. 밴드 활동 기수였던 1996년, 97년도는 각각 병자丙子·정축丁丑년으로 세운에 때마침 끼, 표현, 창의성을 뜻하는 식신과 상관이 들어온 해였다. 처음에는 건반으로 들어가 건반이 공석인 선배들 기수에 합류해 바로 공연을 뛰었다. 우리 기수가 활동 기수가 된 대학 2학년 봄, 학교 야외 무대에서 첫 공연을 했는데 드럼이 혼자 먼저 끝나는 불상사가 발생했다. 뒤늦게 박치임을 깨달은 드럼 멤버의 탈퇴로 갑자기 내가 드럼을 맡게 되었다. 두꺼운 연습용 스틱을 잡고 타이어를 두드린 첫 날, 10분쯤 연습하자 열 손가락에 피가 터졌다. 놀란 선배가 약을 사러 간 사이 두 배로 퉁퉁 부은 손을 바라보며 이걸 해야 되나, 말아야 되나 잠깐 고민했다. 까짓것 한번 해보자 싶었다.

한 달 뒤부터 바로 공연을 해야 해서 날마다 맹연습을 했다. 수업이 비는 시간이면 연습실로 달려가서 메트로놈을 틀어놓고 타이어를 두드렸다. 조용한 발라드 위주로 선곡하던 선배들과 달리 우리 기수는 빠르고 강한 헤비메탈을 좋아했다. 쉽지 않은 연주들을 단시간에 익히느라 애를 먹었지만 여성 록밴드가 가지는 다소 부드러운 이미지와 틀을 부수는 것이 은근 짜릿했다. 록의 반골 기질, 저항 정신에 나도 모르게 끌렸고 자유로운 표현 방식, 사회와 기성 세대를 비판하는 가사에 점점 매료되었다.

나에게 병화는 비겁이 1차적으로 낳는 표현과 활동성을 의미하는 식상에 해당한다. 일간과 음양이 같냐 다르냐에 따라 식신과 상관으로 나뉘는데 그중에서도 내가 갖고 있는 상관은 반사회적·반항적·혁명의 기호를 갖고 있다. 나는 천간에 상관이 두 개다. 그러니 기존의 통념과 법칙, 정형화된 시스템으로부터 탈출을 꿈꾸는 '록'에 끌렸던 것 아닐까? 동아리 록밴드 경험은 졸업 후에 부산으로 넘어가 직장인 밴드 활동으로 이어졌다. 늘 조용했던 내 안에 폭발적인 열정과 에너지가 있음을 처음으로 느낀 시기였다.

호기심 많은 개척자, 무술 대운

10년마다 바뀌는 운의 흐름을 대운이라 한다. 대학을 졸업하던 해, 무술戊戌 대운이 들어왔다. 범위의 넓고 좁음의 차이가 있긴 하지만 무토와 술토는 공통으로 이동과 배회, 역마의 기호를 품고 있다. 그때 나는 광활한 대지를 종횡무진 달리는 한 마리 들개(?)였달까. 무토는 화기를 머금은 산으로 끝없이 펼쳐진 큰 땅, 척박한 황무지를 상징한다. 끊임없이 확장하는 기운으로 강한 역동성을 품고 있으며 활동 범위가 그만큼 넓다. 야생의 땅을 개간하고 거친 환경에서도 버텨 내려는 기질이 있다. 토의 고집과 끈기는 비전을 향해 끝까지 밀어붙이는 힘으로 자신을 변화시키는 구심점이 되기도 한다.

술토는 12지지 중에서 개를 상징한다. 무엇이든 물어뜯기 좋아하는 호기심 많은 개의 습성을 확장해 보면 뭔가를 부수고 만들고 수리해서 새롭게 만드는 기술이나 직업과 연결지을 수 있다. 피아노를 해체해서 정밀하게 소리를 다듬고 수리하는 기술을 배우기 위해 낯선 대도시를 활보하고 다녔던 그때는 새로운 배움에 대한 호기심과 열정으로 충만했던 시기였다.

무토와 술토는 내게 모두 재성에 해당된다. 재성은 아버지, 일, 돈, 결과, 마무리 등을 의미한다. 내가 갖고 있는 세 개의 재성에 대운의 재성까지 더해진 그 무렵, 기술을 익혀 내 인생 처음으로 직업을 갖게 되었으니 재성과 관련된 여러 가지 일을 겪은 시기이자 일과의 인연이 강하게 일어난 때였다. 무토는 바로 아래 술토의 지장간과 통근通根(지지의 지장간에 천간과 같은 오행이 있는 경우)되어 개척 정신, 즉 뜻한 바를 향해 돌진하는 힘이 한층 강해졌다 할 수 있다. 양기 충만한 무토의 기운에 힘입어서인지 그 시절, 내 한계 끝까지 갔다고 느낄 만큼 체력을 많이 소진했음에도 별로 아프지 않고 쌩쌩했다. 직업인으로 돈을 벌고 지낸 때도 그때가 유일하다.

피아노 조율에 처음 매력을 느낀 것은 고등학생 때였다. "학교 졸업하면 조율 배우러 와라." 고3 때 우리 집 피아노를 고치러 온 조율사 앞에서 이것저것 물으며 관심을 보였더니 조율사가 대뜸 한 말이었다. 고지식했던 나는 그 말을 곧이곧대로 새겨 두었다가 대학 입학과 동시에 피아노 조율학원을 찾았다.

생각과 달리 조율은 음악이라기보다 기술이었다. 음감이 좋아 소리는 잘 들었지만 기술을 몸에 붙이는 과정은 힘들고 지난했다. 게다가 그때는 밴드 생활 등 다른 활동에 마음이 가 있던 때라 조율이 별로 눈에 들어오지 않았다. 3년을 하는 둥 마는 둥 세월을 보냈다.

밴드 동아리 활동 기수가 끝나고 대학 3학년이 되자 무료했다. 음악 활동이 없는 대학 생활은 별로 흥미가 나지 않았다. 속 깊은 대화를 할 수 있는 친구도 많지 않았다. 좋아하는 시와 소설을 얘기하며 말이 통했던 고등학교 친구를 만나러 서울에 갔다. 친구는 환경 운동하는 남자친구를 만나고 있었다. 친구의 남자친구를 처음 만난 날, 헬렌 니어링의 『아름다운 삶, 사랑 그리고 마무리』를 선물 받았다. 책을 다 읽고는 가슴이 뛰어서 밤을 꼬박 새웠다. '어떻게 이렇게 자기 주관대로 사는 사람이 있을까?' 책에서 본 문구 "덜 갖고 더 많이 존재하라"를 내 인생 좌우명으로 삼았다.

그 후로 환경 단체 월간지를 구독했고, 세상에 점점 눈을 뜨기 시작했다. 어떻게 살 것인가. 한 권의 책이 내게 던진 질문이 하루아침에 내 삶을 다른 방향으로 이끈 셈이었다. 가끔 서울에 올라가 친구와 함께 〈참여연대〉 같은 시민단체에서 자원봉사 활동을 하고, 16대 총선 때에는 정치인 낙선 운동에 참여하기도 했다. 그때를 생각하면 무토의 스케일만큼이나 드넓은 광장이 가장 먼저 떠오른다. 내 의사를 적극 표현할 수 있는 마당이자, 다양한 이야기들이 어우러지고 숨을 쉬는 빈터인 광장을 만나며 세상과 삶에 대한 고민을 나눌 수 있는 관계, 소통을 향한 갈망이 무럭무럭 자라났다.

전환과 재배치의 시간

어느 날 한 월간지에서 '시각장애인 조율사를 양성하는 조율사'에 관한 기사를 읽었다. 시각장애인들에게 조율을 가르치는 일은 보이지 않는 사람의 입장에서 수없이 생각하고 시도하며 새롭게 기술을 익혀야 할 수 있는 일이다. 어렵고 힘들어 어떤 조율사도 도전하지 않는 일을 도맡아 하고 계시는 분이었다. 우리 나라에 이런 분이 있다니! 감동이었다. 잡지사와 피아노 조율사협회에 차례차례 전화해서 그분의 연락처를 알아내었고, 대학 4학년 여름방학 때 서울에 가서 전화를 걸었다. 지금 계신 곳으로 찾아가서 한번 뵙고 싶다고. 그분은 명지대에서 조율을 하고 있었다. 머리도 눈썹도 하얀 할아버지였다. 내게 세 가지 조율 이론을 물어보셨는데 하나도 대답을 하지 못했다. 3년이나 학원을 다녔다는 사실이 부끄러웠다.

마산으로 내려오자마자 조율 이론 책을 첫 페이지부터 다시 펼쳐 꼼꼼히 읽고, 쓰고 외우며 처음으로 자발적인 공부를 하기 시작했다. 덥고 어두컴컴한 조율학원에서 하루도 빼먹지 않고 늦은 밤까지 혼자 남아 몇 시간씩 실기 연습을 했다. 마음

먹고 세 달을 익혔더니 학원을 3년 다닌 것보다 훨씬 실력이 늘었다. 부끄러움은 면할 정도로 공부를 한 뒤 대학 졸업과 동시에 상경했다. 커다란 이불을 넣은 등산 가방을 어깨에 짊어지고서. 서울에 닿자마자 갖고 간 지도를 펼쳐 선생님이 사시는 동네로 갔다. 선생님 댁과 가장 가까운 대학교 근처에 하숙집을 하나 잡았고, 그날 저녁에 공중전화로 연락을 드렸다. "좀 가르쳐 주십시오, 선생님!"

다음 날 새벽 6시부터 밤 11시까지 선생님을 따라다녔다. 선생님은 예술의 전당 전속 조율사였다. 커다란 콘서트홀, 김건모나 이승환 등 가수 녹음실, 여러 가정집과 음대를 전전하며 조율을 배웠다. 연주회를 앞두고 조율 상태를 확인하느라 지휘자 정명훈, 피아니스트 김광민이 내 눈앞에서 피아노를 칠 때 얼마나 두근거렸는지 모른다. 조율하는 곳에는 늘 음악이 있었고 음악가가 되고 싶은 꿈은 여전히 내 안에 있었기에 현장에 갈 때마다 가슴이 뛰었다(지금은 용돈 벌이 할 겸 마을에서 기타 가르치는 일을 하고 있다. 언젠가 내가 도서관에서 가수 하현우의 「붉은 밤」을 기타로 연주한 적이 있는데, 그 영상을 우연히 보게 된 하현우 씨가 기타를 정말 잘 친다고 했다는 얘기를 전해 들었다. 꿈을 꾸는 듯했다. 사람들 앞에 나서는 일을 그닥 좋아하지 않는 내게 음악은 말이고 표현이다. 오시는 분들을 환대하는 마음으로 도서관 행사 때마다 친구들과 같이 음악을 연주하는데 그럴 때마다 즐겁고 기쁘다. 음악가가 되고 싶단 소원은 이룬 것이나 다름없다).

조금 일찍 일이 끝나면 젊음의 거리라 들어 온 대학로나 신촌으로 향했다. 목적지 없이 언제나 처음 가는 길, 모르는 골목 골목을 누빌 때면 익숙한 틀에서 벗어나 미지의 세계를 탐험하는 기분이었다. 낯섦은 살아 있다는 감각을 느끼게 해주었다. 가끔은 시나위 같은 록밴드 콘서트를 보러 갔는데, 조명이 꺼지면 무대 앞으로 뛰쳐나가 음악에 맞춰 헤드 뱅잉을 하는 등 고향에서라면 절대 할 수 없을 객기를 부렸다. 심각한 길치, 방향치인 나에게 서울의 지하철은 너무 어려웠다. 한동안 지하철 방향이 있는 걸 몰라서 운 좋으면 순방향, 나쁘면 역방향으로 타던 때도 있었다. 사람들은 이 복잡한 서울에서 어떻게 길을 찾아갈까, 왜 이리 뛰어다닐까, 뭐가 그리 바쁜 것일까? 지하철을 타고 도심을 걸을 때면 궁금증이 일었다.

늦은 밤, 하숙집으로 돌아오면 룸메이트가 온몸에 파스를 붙여 주었다. 심지어 손바닥에도. 하루에 천 개의 조율핀을 돌리고 있으면 힘들어서 눈물이 건반 위로 뚝뚝 떨어졌다. 하지만 기술을 익히는 과정 속에서 몰랐거나, 어려워서 할 수 없을 것이라 여겼던 것들을 하나씩 알아 갈 때 느껴지는 기쁨은 차원이 달랐다. 이렇게 적극적으로 살아 본 적이 있었던가…. 처음으로 내가 선택한 길이었다. 쉽지 않았지만 매 시간, 아까울 만큼 배우는 과정이 즐거웠다. 학창 시절엔 줄곧 산만하단 소리만 들었는데 나에게 맞고, 좋아하는 일을 만나니 전에 없던 집중력과 끈기가 생겨났다. 록밴드 활동을 했을 때처럼. 12지지 중 성실과 끈기를 상징함에 있어 둘째가라면 서러운 동물인 소. 내 월지는 소를 나타내는 축토다. 여기에 무토와 술토의 고집과 인내, 호기심이 더해져 힘 있게 공부를 밀고 나가는 동력으로 작용했던 것 아닐까.

조율을 꼬박 두 달을 배웠을 무렵, 전국 피아노 조율기능 경기대회가 열린다는 소식을 들었다. 한번 나가기나 해보라는 선생님 말씀을 듣고 응시를 했다. 전국에서 온 피아노 조율사들이 한자리에 모여 실력을 겨루는 자리라 플래카드를 들고 응원 온 단체들이 많았다. 응시자 중 나이가 가장 어린 데다가 혼자 온 사람은 나밖에 없어서 주눅이 들었지만 합격에 대한 희망이 없었기에 그다지 떨리진 않았다. 시험은 음을 정확하게 맞추는 조율 파트 60점, 고치는 파트에 해당하는 조정 40점을 합해 100점 만점이었다. 전국 대회 결과는 3등으로 상장과 함께 2급 피아노 조율기능사 자격증이 주어졌다. 시험 치기 사흘 전에 최저음이 들리기 시작했는데, 시험 당일 헷갈려서 음 하나를 이탈하지 않았으면 만점을 받았을 거라고 했다. 두고두고 아쉬웠다. 1등을 하면 그해에만 유럽을 보내 줬는데.

조율사로 한참 활동하던 2001(신사辛巳), 2002년(임오壬午)에도 세운에 식상이 들어왔다. 식상은 비겁인 나로부터 자연스럽게 흘러나오는 기운이다. 내 인생 전체 지도를 펼치니 식상이 들어온 해에 활동이 왕성했다는 특징이 보인다. 원국에 있는 상관 두 개에 식상의 기운이 더 들어오면서 무언가를 창조하고 표현하려는 욕구가 훨씬 강해진 듯하다.

내친 김에 그랜드피아노를 조율하는 1급 피아노 조율산업기사 자격증에 도전했다. 공부만 하고 되팔 생각으로 미니 그랜드피아노를 중고로 샀다. 작고 어두운 내 방에 하얀 피아노가 들어오니 방이 꽉 찼다. 그 아래에서 겨우 잠만 자며 밤낮으로 연습을 한 결과 여자로는 우리나라에서 최연소이자 네번째로 1급 자격증을 땄다.

부산에서 가장 큰 야마하피아노 악기점에 조율사로 취직을 하며 본격적인 조율사 활동을 시작했다. 피아노가 팔리면 조율을 하기 위해 외근을 나갔다. 조율사는 힘을 요하는 전문 기술직이라는 이미지가 있어서인지 현장을 다닐 때면 나이가 어려서, 여자라서 대놓고 무시하는 시선을 느낄 때가 많았다. 그에 맞서는 나름의 방편으로 일이 들어오면 평소에 입지도 않는 정장에 구두를 갖춰 신고 나갔다. 그러면 뭐하나. 나의 심각한 길 감각 탓에 결국은 조율을 의뢰한 고객들이 매번 조율사를 마중 나오게 만들었으니…. 어렵게 기술을 익혔는데 엉뚱한 데서 난관을 만난 셈이었다.

들어가고 얼마 안 되어 악기점이 백화점으로 매장을 넓혀서 갑자기 백화점 근무를 하게 되었다. 피아노를 비롯해 온갖 종류의 악기를 다루는 일은 재미있었고, 사람들마다 다 다른 관심과 취향을 읽는 일인 영업도 생각보다 어렵지 않았다. 하지만 시간이 지날수록, 날마다 고객 우선의 친절 교육과 감시·

평가를 받아야 하는 점, 주말도 없이 일하고 직원들 처우는 엉망인 현실에 분개했다. 이래서 노조를 만드는구나 생각했다. 부당한 규칙은 한두 가지가 아니었고 아침마다 외치는 친절 구호는 그렇게 따분할 수가 없었다.

나는 지지에 재성이 세 개다. 내게 재성은 '그냥' 일이 아니라 재미와 의미가 있는 일을 뜻한다. 그런 일에 몸과 마음이 움직인달까. 아픈 피아노를 고치고 그 피아노만의 고유한 목소리를 찾아 주는 일은 내게 재미도, 의미도 있는 일이었지만 그런 시간은 잠깐일 뿐 대부분의 시간을 백화점 악기 매장을 지키는 데 보내며 나는 점점 시들어 갔다. 쉬는 날에는 종일 잠을 자거나 폭식을 했다. 피곤과 스트레스로 방광염까지 찾아왔다. 리듬이 완전히 깨진 생활이었다. 고민 끝에 정직원 승진과 보너스 600퍼센트를 앞두고 퇴사를 했다. 당시 지점장은 더 좋은 조건을 제시하며 설득하려 했고 친구들은 물론 부모님까지 나를 말렸지만, 과로와 그를 보상받기 위한 시간의 반복으로 이루어지는 생활에 더 이상 미련이 생기지 않았다. 쉼이 주어지지 않고 개성을 지워야 하는 백화점 생활은 철저히 나를 소외시켰고 '이렇게 시간에 쫓겨 사는 건 사는 게 아니야'라는 생각이 확고했다. 자유를 찾고 싶었다.

다시 마산으로 넘어와 피아노 조율학원 강사로 취직을 했다. 시간에 끌려다니지 않으니 살 것 같았다. 드디어 내 삶의 주인이 된 듯한 기분! 하루종일 꼼짝없이 서서 백화점 모니터 요원과 관리자에게 당하던 감시에서 벗어나니 두 발로 걷고 내 몸을 자유롭게 움직일 수 있는 것만으로도 감사한 마음이었다. 월급 60만 원은 아껴 저축을 했다. 웬만한 거리는 걸어다녔고, 주말이면 시외터미널로 가서 낯선 곳으로 버스를 타고 당일치기 여행을 다녀오곤 했다.

술토는 시간으로 치면 저녁 7시 30분~9시 30분으로 하루의 활동을 마무리하는 시간에 해당한다. 무토는 극단에 이른 양기인 동시에 음으로 변화하기 직전의 기운이다. 양적 역동성으로 지향점이 뚜렷한 무토와 화기를 갈무리하는 자리인 술토가 만나 낯선 도시에서 힘차게 맞물렸던 나의 20대. 그 시간은 앞으로 내가 살고 싶은 방향을 모색하고 새로운 길을 찾아가는 전환과 재배치의 시간이었다.

새로운 대운 속으로

"물 한 방울 없고 씨앗 한 톨 살아남을 수 없는/ 저것은 절망의 벽이라고 말할 때/ 담쟁이는 서두르지 않고 앞으로 나아간다/ 한 뼘이라도 꼭 여럿이 함께 손을 잡고 올라간다" 도종환 시, 「담쟁이」에 묘사된 담쟁이는 내게 '을목' 하면 그려지는 모습이다. 이웃들과 어깨를 겯고 바라는 세상으로 한 걸음 한 걸음 나아가고픈 을목, 세상을 비추는 따뜻한 빛이 되고픈 병화의 본능은 새로운 대운을 만나 내 존재가 세상에 조금이나마 도움이 되면 좋겠다는 욕망으로 나타났다.

2002년 6월 13일, 당시 중학생이던 미선이·효순이가 미군 장갑차에 깔려 숨진 사건이 터졌다. 서울에선 미군을 규탄하는 촛불집회가 주말마다 열렸다. 어느 날에는 뉴스를 보다 답답한 마음에 혹시나 집회를 하지 않을까 싶어 마산 시내에 나갔다. 거리에는 시끄럽고 요란한 랩 음악만 울려 퍼지고 있었다. 내가 발 딛고 있는 세상과의 이질감이 확 몰려왔다. 숨이 막혔다.

2002년 12월 7일, 미선이·효순이를 추모하는 광화문 대규모 촛불집회에 참가하러 서울을 갔다가 남편을 만났다. 서울에 있는 친한 친구가 남편을 소개해 준 것이다. 남편을 비롯해 남편의 누나와 매형 들은 소위 '운동권'이었는데 그 점이 특히 마음에 들었다. 정치·사회·문화 전반의 이야기를 두루 나누고 삶의 가치를 공유하며 소통할 수 있는 사람들이었다. 책을 매개로 만남을 이어 가던 남편과는 1년을 만나다 갑신년, 겁재와 정관이 들어온 해에 결혼을 하고 경기도 광주 퇴촌에서 살게 되었다. 지금은 많이 변했지만 그때 퇴촌은 정말 아름다웠다. 어릴 적 꿈에 그리던 자연 환경이 펼쳐져 있었다.

무술 대운에 이어 서른넷에는 식신과 편관인 정유丁酉 대운이 들어왔다. 상관만 있는 나에게 식신이 들어오니 뭔가 조금 달랐다. 표현하는 데 있어 반항기가 조금 빠지고 즐거움이 추가된 느낌이랄까? 정유 대운으로 들어서자마자 우리 동네 산과 들을 누비며 풀, 꽃, 나무 그림을 그리기 시작했다. 어쩌다 아이가 쓰는 뽀로로 색연필로 제비꽃을 그려 본 것이 발단이었다. 그림은 학창 시절 미술 시간 외에는 그려 본 적이 없을뿐더러 특별한 재능을 가진 사람만 하는 것인 줄 알았는데…. 돌멩이 하나, 나무 한 그루를 오래 관찰하고 바라보는 시간이 좋았다. 무심코 지나쳤던 사물들과 새롭게 관계 맺는 시간이었다. 『프레시안』이란 인터넷 신문에 남편이 '야생화와 나무'를 주제로 연재했던 글에다가 여덟 번의 계절을 통과하며 내가 그린 서툰 그림들을 엮은 『풀꽃편지』라는 책이 서른일곱 살에 나왔다.

그즈음 큰아이가 초등학교 들어갈 나이가 되었다. 슬슬 사회 활동으로 뭔가 내가 할 만한 일이 없을까 찾아보았다. 아이들을 키우느라 잠시 사그라들었던 몸의 발심, 화의 발산 세포가 다시 살아난 것이다. 그러다 우연한 기회로 전국의 재소자들이 보는 소식지에 재능 기부로 표지 그림 그리는 일을 하게 되었다. 붓으로 쓴 표지 제목 글씨와 수채화로 그린 그림이 따듯하지만 너무 자유분방하다는 피드백을 받았다. 그 이유로, 한정된 틀 안에서 규칙적인 생활을 익혀야 하는 재소자들에게 부정적인 영향을 끼칠까(?) 염려한 관계자들의 의견에 재능 기부임에도 오래하지 못하고 잘렸다. 그 뒤에는 독거 노인을 찾아가서 말벗을 해주고 도와드리는 단체를 발견하고 그곳에서 활동했다. 생활인으로만 사는 것은 어쩐지 공허했다. 작은 일이라도 세상에 보탬이 될 만한 일을 하고 싶었다. 지금은 '일하는 사람들이 글을 써야 세상이 바뀐다'는 정신으로 만들어진 월간지 『작은책』에 달마다 표지 그림과 삽화, 만화를 그린다. 쳇바퀴 같은 노동 현장, 투쟁 현장에서 글과 그림을 보고 위로를 받았다는 독자들의 이야기를 전해 들으면 그렇게 뿌듯할 수가 없다. 내가 하는 일이 오직 나만을 위한 일이 아니면 좋겠다는 바람 속에는 사람, 세상과 연결되고 연대하며 살아가고픈 욕망이 있다. 디스토피아 같은 세상에서 내가 생각하는 유토피아는 결과로서의 좋은 세상이 아니라 어렵고 힘들지만 과정에서 만나고 함께하는 사람들의 눈빛과 마음이다.

결혼하고 10년 동안은 정해진 직장 없이 이곳저곳을 전전했다. 남편은 미약한 뇌성마비 장애가 있는데 심한 장애가 아님에도 작은 차이조차 잘 허용하지 않는 경직된 한국 사회에서는 취직하기가 쉽지 않았다. 자연과 함께하는 삶을 꿈꾸며 같이해 보고 싶은 일이 있었지만 돈도, 사업머리도 없으니 잘될 수가 없었다. 그렇게 10년을 살다 빚이 늘어날 즈음 직장을 얻게 되었다. 마흔에 공무원이 되어 처음으로 100만 원을 벌게 된 것이다. 그 돈이 얼마나 크던지. 양쪽 부모님은 드디어 발을 뻗고 잘 수 있겠다며 좋아하셨다. 하지만 차츰차츰 시간이 지날수록 안정감이 찾아오기보다 사회에 이대로 편입되는 건가, 싶으면서 공허감이 몰려왔다. 지난 10년 동안 차이를 용인하지 않는 사회 속에서 살아 내기가 힘에 부쳤는데 막상 사회가 안으로 들어오게 '허용'해 주자 묘한 저항감이 들었다. 다른 것을 틀리다 규정 지어 구분 짓고, 차별하고 배제시키는 관성의 힘이 얼마나 강한지 느낀 10년이었기에 더욱.

　허용이 수용을, 수용이 수동적인 태도를 만드는 것은 아닐까? 돈을 모아 좋은 집, 좋은 차를 사고 돈을 더 모으면 더 좋은 집, 더 좋은 차, 해외여행을 하며 사는 삶 말고 그 바깥의 서사는 없을까. 다른 삶에 대한 갈증과 궁금함이 커져 갔다. 그즈음 사랑하는 친구 둘이 병으로, 사고로 갑자기 세상을 떠났다. 친구들의 죽음으로 시간이 많지 않다는 것, 삶이 유한하다는 사실이 '충격적으로' 다가왔다. 전과 같이 살 수는 없었다. 말기 심장암의 고통을 그토록 아프게 겪으면서도 친구가 간절히 바라던 삶. 그 삶이 백지 상태로 내 앞에 펼쳐져 있었다.

　어떻게 살 것인가. 『아름다운 삶, 사랑 그리고 마무리』가 던졌던 질문은 십 년이 흐르는 사이 더 구체적으로 묻고 있었다. 삶의 방향성을 찾기 위한 당시의 내 고민을 진지하게 들어준 그물코출판사 대표로부터 어느 날 "도서관을 해보면 어때요?"라는 말과 함께 『내 아이가 책을 읽는다』를 선물받았다. 우리나라에서 가장 큰 사립도서관인 느티나무도서관 박영숙 관장님이 쓴 책이었다. 개인이 도서관을 열 수 있는지 그때 처음 알았다. 책을 읽고 난 뒤 사설도서관을 몇 군데 찾아갔다. 프로그램이 활발하고 무척 잘 운영되는 도서관들이었다. 하지만 관장님들과 따로 이야기를 나눌 때면 이 힘든 일을 왜 하려고 하냐, 주말에 쉬지도 못한다, 후원자 유치와 홍보도 어렵다, 같은 말들이 돌아왔다. 겁이 났다. 나는 누군가를 위해 헌신하려고 도서관을 하려는 게 아닌데. 나 같은 사람은 할 수 없는 일이란 생각이 들었다.

그 무렵 지금은 사라진, 작고 오래된 헌책방에 들르게 되었다. 책방지기에게 그림책을 추천해 달라고 하니 그림책에 관심이 없어서 취급하지 않는다고 했다. 일반적인 반응이 아니어서 인상적이라고 느낄 즈음 책방지기가 손님과 주고받는 대화를 우연히 듣게 되었다. 얼마 전 가수 아이유가 광고 촬영하러 다녀간 뒤로 애써 꽂아 둔 책 배열이 다 흐트러졌다며 다시는 이런 촬영을 하지 않겠다고 하는. 보통은 유명 연예인이 다녀간 책방이라고 크게 광고하기 바쁠 텐데. 누군가에겐 불친절하게 비춰질 수 있지만 주관이 확실한 책방지기를 보며 어쩐지 숨통이 트였고, 책방을 나서는 순간 도서관을 할 수 있겠다는 생각이 들었다. 마음의 방향을 확실하게 정하자 기다렸다는 듯, 자리를 구하는 일부터 시작해 모든 일이 순식간에 진행되었다. 평생 검소하게 사신 친정 부모님께서 내 얘기를 들으시곤, 다른 것도 아니고 마을에 도서관을 여는 일이니 응원한다며 선뜻 2천만 원이란 보증금을 빌려 주셨다. 준비하는 과정에서 도움의 손길은 또 얼마나 많았는지. 집에 있는 책들로 갑자기 마을에 도서관을 열게 된 일은 대운의 흐름이 재성에서 식상·관성으로 바뀌며 일어난, 내 인생의 커다란 사건(?)이다. 개관한 날을 기점으로 하루아침에 이전과는 완전히 다른 조건과 배치 속으로 들어가게 되는 일인 줄 그때는 전혀 몰랐다. 심장암 투병을 하던 친구가 세상을 떠나고 석 달 만이었다.

관성이라는 광장

어렸을 때부터 책을 좋아했지만 학창 시절 내게 도서관은 독서실과 비슷한 개념이었다. 처음으로 도서관에 매력을 느낀 시기는 대학교 2학년 무렵이었다. 밴드 동아리 연습을 마치면 종종 혼자 학교 도서관에 갔다. 문학 코너를 좋아했지만 전혀 모르는 분야의 서가 앞에 서면 이상하게 마음이 설레었다. 연극 연출이나 사진, 경제학 등 한 번도 관심 둔 적 없던 주제의 책들을 부러 빌렸고, 아무 페이지나 펼쳐 처음 만나는 낯선 용어와 문장들을 소리 내어 읽는 일을 좋아했다. 어떤 거대한 세상이 내 앞에 무한히 펼쳐진 느낌이었다.

그로부터 17년이 흘러 『풀꽃편지』 책이 나온 2013년 가을에 도서관을 열었다. 그 해는 계사癸巳년으로, 세운에 편인과 상관이 들어왔다. 인성은 어머니, 공부, 지혜, 문서, 부동산 등을 의미한다. 이때도, 5년 뒤 도서관 자리를 옮길 때도 세운에 인성이 들어왔는데 두 번 다 부동산 계약으로 이어졌다. 얼추 3~4년쯤 되려나. 가진 것 없고 무엇을 할지도 몰랐지만 언젠가 내가 뭔가를 하고 살지 않을까, 하는 생각으로 지나가다 가끔 부동산을 들러 괜찮은 자리를 물어보던 시간들이 있었다(정말로 하게 될 줄이야).

도서관 개관 3년 전인 서른넷에는 정유 대운, 즉 식신과 편관 대운이었고 지금은 병신 대운으로 상관과 정관 대운이니 20년 동안 쭉 식상과 관성 대운의 흐름이다. 단순하게 해석하자면 사회에서 만나고 맺어진 관계들과 더불어 조직에서 새로운 무언가를 역동적으로 창조하고 만드는 힘이 강해지는 시기라 할 수 있겠다.

관성은 일간을 극하는 자리이다. 비겁의 자기애와 욕망을 통제한다는 얘기다. 타자를 만나는 장인 관성은 흔히 조직, 사회적 관계, 리더십, 명예를 상징하지만 나를 제어한다는 의미에서 시련을 뜻하기도 한다. 어려움을 만나는 순간은 힘들지만 잘 겪고 통과한다면 변화를 이끌어 내는 힘이 생기는 법. 이것이 상극이 주는 묘미가 아닐까? 관성은 일간과 같은 음양이냐 아니냐에 따라 안정성, 보수, 원리 원칙을 상징하는 정관과 비제도권, 사회적 네트워크, 역동성을 의미하는 편관으로 나누어진다. 내 월간인 신금은 편관에 해당한다.

국가 지원을 받을 생각은 처음부터 없었고 이후에도 별 필요성을 느끼지 못해 여태 도서관 등록을 하지 않았다. 예측 불가능한 유동적인 힘을 갖고 있어 과감하고 무모하며 배짱 좋은 편관의 기질로, 단단한 금의 특성으로 짐작해 봄직한 비타협적인 태도에서 비롯된 일이라고도 볼 수 있겠다. 내 일간이 중심을 벗어나 변방을 향해 사방으로 줄기와 잎을 뻗치는 을목인 것, 반항적인 상관과 비제도권을 추구하는 편관이 천간에 나란하게 자리하고 있는 영향도 있지 않을까. 편관은 일간을 극하기 때문에 그만큼 강한 기운으로 해석되지만 잘 쓰면 새로운 질서를 창조하는 에너지가 될 수 있을 것이다.

금의 기호는 혁명이다. 여름을 살며 무성해진 잎과 열매를 아낌없이 떨어뜨리는 가을 나무를 떠올리면 이해가 쉽다. 자기만의 명분과 신념, 원칙으로 큰 변화를 꿈꾸는 경금과 달리 칼의 이미지를 가진 신금은 섬세하고 예민한 시선으로 새로움을 포착하는 감각이 뛰어나다. 그를 바탕으로 일상에서 작은 개혁을 실천하길 원한다. 나에게 관성은 친구를 만나고 활발한 소통과 배움을 나누는 열린 마당이다. 무술 대운 때 만난 광장처럼. 도서관은 각각의 책만큼이나 다양한 사람들이 오가고 좌충우돌 배움이 일어나는 곳이니 그 자체로 훌륭한 관성의 장이었다. 신금다운 방식으로, 자기만의 질서를 만들어 가기에 좋은.

도서관을 시작한 2013년은 내 사주에 있는 상관 두 개에 대운의 식신, 세운의 상관까지 더해져 식상의 기운이 커진 해였다. 그래서인지 문을 열고 정말 많은 활동을 했다. 도서관은 저마다 있는 그대로의 모습을 소리 없이 응원하는 곳이요, 서로 다른 존재들이 어울려 살아가도록 북돋아 주는 공간이었다. 너른 품의 도서관에서 나는 책과 사람, 사람과 사람, 자리와 사람을 연결하며 을목의 기질을 신나게 발휘했다. 베짱이도서관을 지키는 후원자들은 개미친구라 불렀다. 조금씩 모여드는 개미친구, 마을 이웃들과 더불어 낭독음악회, 책 장터, 책 놀이터,

작가와의 만남, 아이들 그림 전시회, 책 모임, 운동 모임, 걷기 모임, 악기 배우는 모임 등등 많은 행사를 기획하고 열었다.

도서관에 있으니 좋은 사람들이 제 발로 찾아왔다. 그럴 때마다 살면서 만나는 좋은 사람이야말로 무엇과도 바꿀 수 없는 소중한 재산이라 하신 엄마의 말씀이 종종 떠올랐다. 도서관을 매개로 만난 친구들과 삶을 나누고 소통하는 일, 욕망과 불안을 부추기는 세상에서 다른 꿈을 꾸고 함께 실현하는 일은 상상 이상으로 즐거웠다. 마음만 먹으면 뭐든 이루어지는 때였다.

갑갑하고 답답했던 백화점 생활을 청산한 뒤 적게 먹고 적게 쓰며 내 발로 곳곳을 걸어다닌 20대, 그때 내가 추구했던 자유와 도서관을 연 뒤 느낀 자유는 조금 달랐다. 언제 문을 열고 닫을지, 이곳에서 함께 지키면 좋을 규칙은 뭐가 있을지, 어떤 책을 들이고 또 뺄 것인지, 행사를 여는 기준은 무엇인지… 정해진 것은 아무것도 없었다. 외부의 시선과 기준에 맞추려 하기보다 이곳에서 가장 많은 시간을 보내는 내가 즐겁게 할 수 있는 만큼의 일과 활동을 해나가는 것이 중요하지 않을까? 내게 주어진 소중한 시간을 잘 살고 싶었다. 좋은 일, 봉사, 사회운동으로 보는 시선의 굴레에 갇히고 싶지 않았으며 평범한 사람이 삶을 살아가는 하나의 형태, 여정으로서의 도서관으로 다가가길 바랐다. 이런저런 고민 끝에 '너무 열심히 살지 않겠다'는 의지를 담아 베짱이도서관이라 이름 지었다.

내 일지 해수는 12지지 중 마지막 글자로 수에 배속된다.

현실과 너머의 세계를 연결하는 영적인 동물, 돼지를 상징한다. 해월은 겨울의 시작으로 차가운 겨울 강의 이미지를 품고 있다. 겨울이 씨앗을 보듬어 봄이 태어나듯, 오후 9시 30분에서 11시 30분 사이인 해시에는 하루의 활동을 멈추고 잠을 자며 수기를 응축해야 한다. 그래야 생명력이 차오른다. 들어오는 기운보다 내게서 나가는 기운이 훨씬 많은 나는 특히 휴식과 충전의 시간을 반드시 가져야 한다. 백수를 대표하는 '베짱이'로 도서관 이름을 지은 것은 일개미처럼 살지 않겠다는 도서관의 정체성, 근원의 시간을 상징하는 해수의 방향성이 모두 담겨 있는 이름인 것이다.

복잡하게 생각할 것 뭐 있나. 그냥 내 몸길이(깜냥)만큼 해보자 마음을 먹었다. 어떻게든 되겠지, 힘들면 관둔다는 정신으로. 뭐든 처음이었지만 하나둘 늘어나는 정다운 이웃들과 그때그때 의논하며 규칙을 만들어 갔다. 시행착오는 즐거운 과정이었다. 시간이 흐르면서 고민과 실수, 눈물과 웃음이 버무려졌고 도서관의 색깔이 자연스레 만들어질 수 있었다.

자리를 지키는 일이 힘들 때도 많았다. 컨디션이 안 좋거나 날씨가 궂은 날엔 아무것도 안 하고 집에 있고 싶기도 했다. 하지만 한 해 두 해 시간이 쌓이면서 가장 어려우면서도 중요한 일은 '지키는 일'이라는 것을 알게 되었다. 특별하고 귀한 순간도 평범한 하루하루를 살고 있어야 만날 수 있는 것이다. 도서관의 오늘을 열어 가는 일, 매달 10일이면 후원자들에게 손편지를 보내는 일 등등 누가 시켜서 하는 것이 아니라 내가 만든 원칙을 스스로 지키는 것, 해야 하는 일이 아니라 하고 싶은 일을 할 수 있을 때 해나가는 맛을 알게 되었고 그것이 바로 자유라는 것을 깨달았다.

진술축, 체험 삶의 현장

내 십성을 살펴보면 비겁은 없이, 끼와 표현을 뜻하는 상관이 두 개, 돈이나 일, 마무리를 뜻하는 재성은 무려 세 개다. 나는 약한데 내가 생하고 극하는 기운을 많이 쓴다는 얘기. 특히 일간 을목을 중심으로 보면 목극토 상극의 운동성이 강하니 한마디로 '빡센' 인생이라 할 수 있겠다. 재성이 많으면 일이 많고 그만큼 인생이 복잡하다지만 그 복잡다단함을 내가 선택한다는 것! 나의 타고난 일복, 재성은 특히 사람 속에 있을 때 더욱 빛을 발한다. 내게 재성으로서 가치를 지니는, '재미와 의미'를 처음 알게 해준 피아노 조율은 곳곳을 다니며 혼자 하는 일이었다. 지금은 무엇을 하든 사람들과 같이 복닥거린다. 그럴 때 만나는 재미와 의미는 배가 된다. 도서관에서 내가 주로 하는 일은 좋은 책을 알리고 나누는 일이다. 책을 우리집에 소중히 꽂아 두기만 했더라면, 지금처럼 마을 서재가 아닌 개인 서재에 머물렀다면, 닳도록 책을 공유하며 삶을 나누는 즐거움을 만나거나 다른 시선과 이야기들로 내 좁은 세계가 확장되는 경험을 하지는 못했을 것이다.

도서관에서 만난 타자들은 내게 없는 비겁이자 동시에 재성을 잘 운용할 수 있는 힘이 되어 준 듯하다. 일을 매개로 사람을 만나고 무형에서 유형의 것을 같이 만들어 갈 때 내 토 기운이 제대로 발현되는 건 분명하지만, 넘치게 쓴 것은 아닐까? 공생과 연대를 바라는 을목, 일상의 작은 혁명을 꿈꾸는 천간 신금과 병화의 욕망을 지지의 토들이 성실하게 실현하느라 버겁진 않았을까. 내 사주의 생긴 모습을 보다 보니 자연히 드는 의문이었다.

나를 극하는 편관, 신금 아래 축토의 지장간(계癸, 신辛, 기己)은 천간 신금과 통근되어 관성에 해당하는 신금의 세력은 생각보다 세다. 내게서 나가는 기운인 식상과 재성도 많은데 나를 극하는 기운인 관성도 강하다니. 몸이 아플 수밖에 없는 구조인 것인가? 다행히 수생목으로, 나를 생하는 정인 해수가 일간 을목 바로 아래에 있다. 인성은 지혜, 공부, 문서, 어머니를 뜻하는데 계수 일간인 엄마는 실제로도 내게 삶의 지혜를 많이 들려주는 존재다. 평생을 욕심 없이, 가진 것을 나누며 소박하게 사는 삶의 태도를 묵묵히 보여 주신다(심지어 엄마는 돼지띠다). 여러모로 내게 도움이 되는 인성 해수는 약한 비겁을 살림과 동시에 빠른 속도와 넘치는 열정으로 자칫 체력 소모가 클 수 있는 병화 상관의 기운을 적절히 제어해 줄 것이다.

일간에서 시작해 식상, 재성으로 이어지는 발산의 단계를 지나면 관성이라는 첫 수렴의 길목을 만난다. 내가 속한 조건이자 사회적 관계망이기도 한 관성은 나를 극하는 기운이지만, 그 혹독한 관문을 통과하면 내 한계를 넘어선 존재의 변이가 가능하다. 때문에 명리학에서 꽃이라 할 수 있는 지점은 바로 재성에서 관성으로 가는 마디다. 그것이 내게는 도서관이다. 재성은 인성을 극하기 때문에 재성이 많으면 공부와의 인연이 약해지기 쉽다. 하지만 도서관이라는 관성 안에서 이웃들과 함께 책 읽고 공부하는 활동을 꾸준히 이어 가며 나를 낳는 자리이자 새로운 인식의 장인 인성으로 건너갈 수 있었다.

도서관을 열기 전과 비교하면 천 배쯤 많은 사람을 만났을 것이다. 한자리에 머무르며 가릴 수도, 피할 수도 없이 찾아오는 불특정 다수의 사람을 만나는 일은 날마다 나를 살리고 극하는 '체험 삶의 현장'이었다. 뚜렷이 나를 세워야 하면서도 허물어야 했다. 자리를 지키고 있는 한 겪을 수밖에 없는 시련이요, 배움이었다. 지금처럼 사람에게서 도망갈 수 없는 자리가 아니었다면 나와 타인에 대해서 이렇게까지 알고 이해하려는 노력을 기울였을까? 각각의 모양으로 얽히고설킨 관계들은 그동안 안다고 생각하고 믿어 온 것들이 얼마나 작은 세계였는지, 편협한 내 모습을 끊임없이 비추었다.

내 마음이 편해도 친구가, 이웃이 편치 않으면 편한 게 아니었다. 어쩌면 그렇게 돌아가며 힘든 일이 생기는지, 세상엔 아픈 일들이 끊이지 않는지. 잔잔할 때는 잠깐이고 파도는 끝없이 밀려오니, 고통이 원래 삶의 본질인가 생각했다. 너무 다른 서로 간의 갈등, 쉽지 않은 세상살이, 삶의 고민들을 해결하기 위해 매주 이웃들과 책을 읽었다. 함께 읽은 책은 낯선 질문을 불러들였고, 때마다 품게 된 물음들은 서로를 조금씩 이해하며 함께 성장하는 발판이 되어 주었다. 명리학의 관점으로 보자면 관성(도서관)이 인성(지혜)으로 흐르고, 인성이 비겁을 살리는 코스인 셈이다.

2016년(병신), 2017년(정유) 식상 세운이 끝나고 무술 세운이 들어온 2018년 가을, 건물주의 통보로 도서관을 접었다. 머쓱하게도 그동안 발행한 도서관 편지를 모은 『어서오세요 배짱이도서관입니다』(그물코출판사) 출간과 동시에 문을 닫은 것이다. 20대 때 맞이한 무술 대운은 내게 전환과 모색의 시기였는데 세운으로 들어와도 비슷한 흐름이었다. 도서관을 쉬면서 처음엔 실컷 자고 놀아서 좋았으나 금방 심심해졌다. 삶이 물 타 놓은 듯 밍밍했다. 일을 못해서 무료한 게 아니라 혼자 하는 과정이 따분했다. 책을 봐도 혼자 읽으니 통 재미가 없었다.

이대로 자리를 구하지 못하면 도서관의 시간은 끝이었다. 이제는 뭐가 힘든지 아니까 처음처럼 가볍지는 않았다. 더 큰 도서관을 바라는 사람들의 기대와 잘될 때 마무리를 지으라는 조언까지, 많은 이야기를 들었다. 복잡할 때는 단순한 질문이 필요한 법. 먼 훗날 내 인생을 돌아봤을 때 이 길을 더 가지 않은 것이 후회가 될까, 아닐까. 그러자 금방 답이 나왔다. 어떤 상태를 실패라 정의할 수 있을지 모르겠지만 그래도 좋아, 더 가 보자 싶었다. 우여곡절 끝에 자리를 하나 발견했다. 마을과는 다소 동떨어진 곳으로 예전과 달리 누군가 오려면 마음 먹고 찾아와야 하는 장소라는 점, 특히 아이들이 혼자서는 오기 힘든 곳이라는 점에서 고민이 되었지만 왠지 느낌이 좋았다. 몇 해 사이 월세가 너무 올라 달리 갈 데가 없기도 했다. (접근성 좋고 넓은 마당과 나무가 있는 조용한 곳을 원하면서 월세는 싼 곳을 찾으니 지구상에 있을 리가 있겠는가.) 여기서는 또 다른 삶이 펼쳐질지도 모를 일이니. 6개월 공백 끝에 계약서에 도장을 찍고 2019년 5월에 다시 도서관을 열었다.

쉬었다 하려니 에너지가 배로 들었다. 하지만 이사한 도서관에 아이를 데리고 방문한 첫 손님이 아이에게 책 읽어 주는 소리를 먼발치에서 듣는 순간 나도 모르게 눈물이 났다. 구체적인 이유는 알 수 없었지만 오래 그리워한 소리임을 느낄 수 있었다. 씨앗이 자라는 것을 소리 없이 돕는 흙과 같은 도서관일 수 있다면. 그러나 새로이 연 도서관에서 하루하루를 지낼수록 발견하는 것은 나의 무지였다. 내가 모른다는 것을 알게 될 때마다 지난 5년 동안 책과 도서관, 사람과 세상을 바라보는 이해의 폭이 조금은 넓어졌다 여긴 것이 얼마나 오만한 생각이었는지를 깨닫게 되었다. 나부터 돌아보자, 사람이 되자 싶은 마음이었다.

새 둥지는 사람이 쉽게 오기 힘드니 일이 전처럼 많지 않았다. 한데 어쩐 일인지 재개관을 하고 두 해 사이 시름시름 아팠다. 오후 4시만 되면 눈을 못 뜰 정도로 피곤했다. 용한 한의원을 찾아갔다. 도대체 무슨 일을 하는데 이렇게 에너지가 다 고갈되었냐는 한의사 선생님 말씀. 지난 시간을 되짚어 보았다. 어느 날 갑자기 바닥난 내 체력. 하지만 '갑자기'가 맞는 것일까? 이 체력으로 도서관을 계속 이어 갈 수 있을까?

앞서 말했듯 월지는 지속시킬 수 있는 원동력으로 현장에서 가장 크게 힘을 발휘하는 글자다. 명리학을 배우며, 여태 도서관을 이어 올 수 있었던 힘은 성실과 끈기의 대표주자, 월지 축토 덕분이었나 싶었다. 그러다 축토를 나타내는 키워드 중 '기울'氣鬱이란 단어를 들었을 때 나도 모르게 탄식이 흘러나왔다. 기울은 감정이 오래되어 기가 응결되었다는 말이다. 그때그때 풀어 주지 않으면 기가 뭉치고 증상이 몸으로 나타난다는 말에 몸이 반응을 한 것이다. 도서관이 4~5년 차 되었을 무렵이 떠오른다. 사립작은도서관은 사람과 사람 사이 밀도가 높았다. 생각보다 사람을 만나는 일상이 힘들지 않았던 이유는 책을 사랑하는 엄마 못지않게 음악과 사람을 좋아하는 아버지도 내가 많이 닮은 덕분이었다. 사람 좋아함을 넘어서 지나친 관심과 오지랖은 집착과 괴로움을 가져왔지만.

도서관이 세 해를 넘기면서부터 오가는 사람도, 각종 사건 사고도 많았다. 나 또한 엄마의 암 투병, 관계에서 일어나는 갈등 등 여러 시련을 겪었던 시절이다. 누군가의 고민이나 아픔을 듣는 일이 잦았고, 그만큼 공감과 소통에 많은 에너지를 쓰면서도 내 몸을 살피고 돌보는 시간을 따로 갖지 않았다. 그런 것들이 쌓여 내 안에서 기울이 된 것 아닐까? 나는 나를 소외시켰던 것이다.

한의사를 찾아갔을 당시는 몇 해 동안 친구들의 독립(이혼)을 함께했던 과정이 끝나고 긴장이 풀어져 체력이 급격히 떨어진 시기다. 삶을 살다 보면 피할 수 없고, 피하고 싶지 않을 때가 있는데 그때가 그랬다. 친구들이 자기 힘으로 땅에 두 발 딛고 잘 살아가리라는 확신이 있었다. 독립을 곁에서 돕고 지지하며 저마다 자신으로 자립해 가는 과정이 삶임을, 책 속 문장이 아닌 현장에서 배운 시간이었다.

책과 도서관의 존재 이유가 그런 것 아닌가. 나를 괴롭히는 문제와 직면하려면 자기 존재에 대한 자각이 있어야 한다. 몇 해 동안 꾸준히, 함께 책을 읽으며 친구들은 자연스레 스스로를 알아 갔다. 해를 거듭할수록 외면하고 묻어 두었던 질문과 정면으로 마주하는 힘이 조금씩 생겼고, 어느 순간 친구들은 벗어날 수 없다 여겼던 것들로부터 당당히 독립을 했다. 안다는 것, 바로 본다는 것이 정말 중요하다는 걸 느꼈다. 지혜가 사람을 어떻게 살리고 스스로 설 수 있게 하는지 똑똑히 보고 느낀 셈이었다. 좋은 방향으로 잘 해결되어 정말 기뻤다. 다만 그때 마음 에너지를 집중적으로 많이 쓴 것, 넘치는 식상 기운에 힘입어 내 생애 가장 뜨겁게 산 도서관 5년의 시간들이 뒤늦게 체력 고갈로 나타난 것이 문제였다. 위기 신호가 한번 크게 들어왔던 몸은 회복도 오래 걸렸다. 지금은 많이 좋아졌지만 조금 무리한다 싶으면 여지없이 그때와 비슷한 몸 상태가 된다. 특히 몸보다 마음을, 감정을 많이 쓸 때 훨씬 힘들다.

공통의 용신, 공부

오래전 MBTI 검사를 했을 때 감정 지수가 100점 만점 중 90이 넘게 나와서 현장에 있던 모두가 놀란 적이 있다. 이성보다 감정이 월등할 줄은 알았지만 나도 그렇게까지 수치가 높게 나올 줄은 몰랐다. 어릴 적 슬픈 내용의 동화를 읽고 몇날 며칠을 울 때가 많았다. 남의 결혼식, 졸업식 가서도 곧잘 운다. 누군가와 얘기를 나눌 때 거의 빙의 수준으로 그 사람 입장이 되곤 하며 아픈 얘기를 들으면 실제로 몸이 아파 끙끙 앓거나 밤새 잠을 자지 못하기도 한다.

계절로 치면 봄, 여름에 해당하는 목과 화 모두 감정의 속도를 잘 제어하지 못한다는 특징이 있다. 수용적이고 베풀기를 좋아하는 수 인성은 약자에 대한 연민이 강하고 감정 이입을 잘한다. 나는 을목 아래 해수 인성을 깔고 있다. 부드럽게 연결되고 싶은 을목, 경계를 허물고 물처럼 상대에게 스며들고 싶은 해수, 병화의 빛처럼 빠른 속도가 쓰리 콤보를 이루어 감정 이입의 선수(?)가 된 것은 아닐까?

나는 사방을 매개하며 조화와 안정을 추구하려는 습성을 가진 토 기운이 많다. 사람 속에서 물 만난 물고기처럼 재성을 즐겁게 썼지만 넓어진 관계망 안에서 나름의 중심을 잡는다는 구실로 나를 누르며 참고 애를 썼던 시간도 많았다. 묻어 두려는 흙의 성질을 타고난 사람답게 잘 드러나지 않았을 뿐. 기억이나 감정을 오래 담아 두면 담음痰飮이나 어혈瘀血이 생긴다. 특히 축토는 되새김질하는 소처럼 곱씹는 성질이 있어 감정을 묵히지 않는 훈련이 필요하다. 만물을 깨워 자라게 하는 봄의 성품을 가진 목의 이타심 또한 관계에 있어 갈등을 회피하려는 성향으로 드러나 화병이나 간기울결肝氣鬱結이라는 병을 키울 수 있다. 평생 누군가와 싸운 일이 별로 없는 이유는 상대방의 처지와 감정에 잘 물들기 때문에 그런 것도 있지만 갈등을 싫어해서이기도 하다. 더 이상 연락을 주고받지 않고 조용히 관계를 끊은 사람은 인생에 딱 한 명인데 그로부터 10년이 지났지만 1년에 두어 번은 꿈에 그 친구가 나온다. 꿈에서는 너무 잘 지낸다. 나는 진심으로 활짝 웃고 있다. 그런 꿈을 꾸고 나면 아주 내가 징글징글하다. 갈등이 그렇게도 싫더냐!

"서서히 스밀 수 있게/ 천천히 흐를 수 있게/ 너와 나 사이 부는 바람 숨, 숨" 3년 전 싱어송라이터 시와의 노래, 「숨」의 노랫말을 쓴 적 있다. 이 후렴 가사는 내가 도서관에서 지내며 느낀 바를 그대로 담고 있다. 열린 마당인 도서관에서 나는 경계 없이 사람을 만났다. 그러다 보니 관계에서 거리를 둔다는 생각을 별로 하지 못했다. 후원을 받는 입장의 바탕에 깔려 있는 고마움, 찾아오는 이를 반갑게 맞이하는 일상이 가져온 수용적인 태도였을 수 있겠다. 저마다의 고유함을 발견하는 일이 즐거웠고, 누군가의 이야기를 듣고 책과 사람을 연결하며 그런 시간 속에 살아 있음을 느꼈지만 정작 내 몸과 마음에 귀를 기울이지 못한 것은 아닌가. 반응과 수용에 있어서도 어느 한쪽으로 치우치지 않고 균형감을 잃지 않아야 마음의 순환으로 이어질 것이다. 피아노 조율을 할 때 음과 음이 서로 조화를 이루려면 두 음 사이 리듬을 적절하게 타야 하듯이. 존중은 경계를 넘어선 끈끈함이 아니라 경계를 침범하지 않고, 기대나 욕심 없이 있는 그대로의 모습으로 사람을 대하는 태도에서 나오는 것 아닐까.

언젠가 어떤 스님이 내게 귀로 복이 들어온다 했다. 20대를 바친 피아노 조율은 세심하고 예민하게 집중해서 소리를 듣는 일이니 그것도 귀와 인연이 있다면 있는 것이겠다. 도서관 지기로 사는 동안 사람들의 이야기를 정말 많이 듣고 또 들었다. 누군가의 고민을 듣고 나누는 일이 힘들지 않았고 보람도 있었지만, 그런 시간들은 그때그때 쉼과 힐링이 되어 줄 뿐 근본적인 해결은 되지 못했다. 결국은 내 안의 질문을 붙들고 스스로 탐구하며 변화하려는 노력만이 진짜 자기 힘이 될 수 있을 뿐.

이제는 감정을, 감정이 아닌 지혜의 차원으로 접근해야 할 때가 온 듯하다. 명리학을 배운 과정을 떠올려 본다. 마을 이웃들과 같이 명리학 책을 읽으며 공부를 했고, 8주 동안 〈감이당〉 선생님들께 강의를 들으며 배움을 다졌다. 이어서 7주 동안 한 가지 주제를 정해 누드 글쓰기를 함께하는 과정으로 깊은 충만함을 느꼈다. 공부를 마치고 이웃들과 소감을 나누며, 내가 느낀 감정은 모두가 느낀 공통의 감각이었음을 알 수 있었다. 그동안 도서관에서 책모임은 많이 했지만 읽고 쓰고 외우는 공부는 학창 시절 이후로 처음이었다. 공부는 훨씬 적극적인 배움 활동이자 낯설고 새로운 기운을 내 몸에 불러들이는 일이었다.

내 이웃이 편해야 나도 편하더라, 는 차원에서 보더라도 함께하는 공부는 습관에 젖은 신체와 정신을 두드리며 균열을 일으키기에 그 자체로 같이 성장하는 일이었다. 쉬운 과정은 아니지만 그렇기에 더욱, 앞서거니 뒤서거니 서로 응원하고 격려하며 공부를 한 시간은 혼자 할 때와 견줄 수 없는 넉넉함을 안겨 주었다. 공부를 매개로 알 수 없는 불안과 걱정의 막을 하나하나 걷어 실체와 대면하며 '공부하거나, 존재하지 않거나'를 실감할 수 있었다. 인성을 기르는 도서관에서 공부의 장을 여는 일은 쓸데없는 감정 소모로 인해 이리저리 새는 기운을 막아 줄 것이다. 얼마나 가성비 좋은 활동인지! 단순히 지식을 습득하는 차원이 아닌, 존재의 근원 탐구로 나를 재탄생시키는 공부는 누구에게라도 훌륭한 용신이 되어 줄 수밖에.

사주 글자와 관련된 기호들을 해석하고 새롭게 진단을 내리는 일은 무의식에 뿌리 박힌 고정된 습관이나 욕망, 인연에 따른 집착과 묵은 감정으로부터 벗어나 건강한 방향으로 몸과 삶의 변화를 스스로 만드는 일이다. 다양한 해석을 바탕으로 내 존재를 알아차리는 능력이 커질수록 과거나 미래가 아닌, 현재를 살게 될 것이므로. 그것을 생명력 있는 삶, 자연에 이르는 삶이라 부를 수 있지 않을까.

진토에서 술토로

2023년 가을, 도서관 10주년 사진전을 열었다. 도서관은 만나고 또 떠나가는 곳이다. 2013년이 2023년이 되기까지 사람들은 쉼없이 흘러갔지만 나는 그 시간과 추억을 다 떠안고 있었음을 전시회 과정에서 깨달았다. 죽음을 사유하지 않고 그동안 너무 삶에 대한 질문만 해온 것 아닐까? 애쓰거나 힘들이지 않고 자연이 생성과 소멸을 반복하듯 만남과 이별은 자연의 순리임을. 죽음을 수용하는 마음은 삶을 사랑하는 태도와 다름없음을. 사진전을 하는 한 달 동안 나는 사진을 보고 또 보며 오래 붙들었던 낡고 빛바랜 기억과 감정들을 모두 강으로 흘려보낼 수 있었다. 비우니 무겁던 몸이 한결 가벼워졌다.

 사랑하는 두 친구를 떠나보내며 도서관을 열었고, 그로부터 10년이 흐른 해에는 도서관으로 인연을 맺은 친구 둘을 또 잃었다. 소중한 사람들의 죽음을 겪으며 삶의 우선 순위, 관계의 정의가 달라짐을 느낀다. 살아 있어도 죽은 것과 다름없고 소멸하고도 이어져 있는 관계들 속에서 나는 무엇을 지향하고 어떤 태도로 살아갈 것인가. 그리고 죽어 갈 것인가.

도서관 운영 12년 동안 배우고 얻은 키워드는 '함께'이다. 모든 살아 있는 것은 연결되어 있다는 사실을 길 위에서 절절히 경험했다. 내 삶의 과정인 도서관 운영도 언젠가는 끝날 것이다. 소통과 배움이 이루어지는 열린 마당에서 친구들과 더불어 재미와 의미를 나누는 삶은 멈춤 없이 나아갈 수 있을까?

연지 진토에서 시작해 시지 술토로 끝나는 나의 인생. 진토는 봄의 끝자락, 술토는 가을의 끝자락으로 정반대의 기운이다. 술은 텅 빈 들판으로, 삭막해 보이지만 멸하고 썩은 모든 것들을 다 털어 낸 땅이다. 해수와 함께 천문성天門星으로 꼽히는 술토는 화기를 갈무리하는 자리이자 만물이 활동을 멈추고 휴식하거나 죽음을 준비하는 시간이다. 술시에는 확산이 아니라 수렴을 해야 한다. 이 시간에 화기를 멈추지 않으면 몸에 열이 뜨고 담이 생긴다.

따듯하고 비옥한 병진년, 무언가를 꾸준하게 제련하는 시기인 신축월, 새로운 세계와 접속하며 뿌리가 되는 공부로 공생과 연대를 이루는 을해일, 따듯한 마무리인 병술시로 이어지는 내 인생의 흐름. 핵심은 통즉불통! 음양이 서로 상호 작용하고 변화하며 균형을 이룰 때 생명력이 유지되듯, 발산과 수렴의 시간이 조화로워야 삶이 유연하고 생기 있게 흐를 것이다.

가을 겨울에 해당하는 저녁 시간에는 쉼과 잠을 무엇보다 우선으로 두는 등 하루를 사계절 리듬과 질서에 맞게 호흡하며. 지금껏 세상의 속도나 세속의 잣대, 타인의 시선과 평가에 갇히지 않겠다는 마음과 배짱으로 살아왔듯, 감정이든 걱정이든 쌓아 두지 말고 훌훌 털어 흘려보내며 진정한 베짱이의 삶으로 나아가야겠다.

    예측하지 못한 우연들로 삶은 풍성해진다. 미래는 여전히 알 수 없지만 지금껏 그랬듯 저절로 '되어지는' 일들이 많을 것이다. 명리학은 운명의 이치를 다루는 학문이다. 운명이라 하면 으레 타고난 명이 고정되고 결정되어 있는 것으로 생각하기 쉽지만 여기서 '운運'은 '운전한다, 운용한다'는 의미다. 주어진 명을 내 힘으로 잘 운전할 수 있는지에 따라 자기 운명의 주인으로 사는 길이 열릴 것이다. 명리학을 공부하며 배운 순환의 지혜를 일상에 접목한다면 되어지는 흐름 또한 내가 원하는, 자연의 순리를 따르는 방향으로 운전할 수 있지 않을까? 운명이란 결국 내게 주어진 시간과 환경을 어떻게 사느냐에 따라 변화하고 움직이는 것이니까. 20년 식상, 관성 대운을 지나 쉰넷에 이르면 비견과 편재가 들어온다. 기대된다, 내 인생 처음으로 들어오는 비견. 어떻게 다가올까? 운명의 열쇠는 나의 '지금, 여기'에 달려 있다.

내가 만드는 나의 운명

이경화

시	일	월	연
庚	辛	乙	丁
寅	未	巳	巳

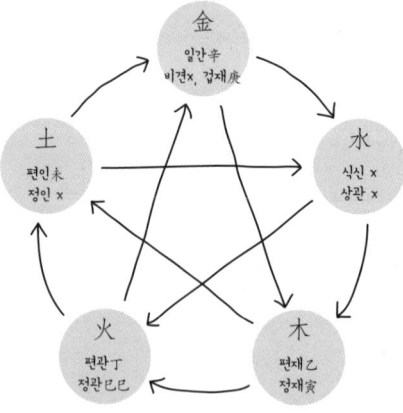

베짱이도서관을 만나다

2012년 나는 지금 살고 있는 퇴촌으로 이사했다. 입구에는 바다 같은 큰 강이, 마을 안쪽에는 너무 높지 않은 산들 사이로 시냇물이 흐르는 곳이었다. 마을과 연결된 다리를 건널 때는 처음 가 보는 곳인데도 마음이 편안해졌다. 부모님 집이 있는 춘천과 닮아 있는 곳이라서 그랬을지도 모르겠다. 그날 나는 연고도 없이 처음 가 본 동네의 처음 본 집을 계약했다. 사실 퇴촌으로의 이사는 내게 도피이기도 했다. 숨 막히는 결혼 생활에서 어떻게든 벗어나고 싶었지만 용기가 없던 나는 아이들 유학을 구실로 벗어날 생각을 했고 필요한 돈을 모을 때까지 자연과 가까이 살자고 남편을 설득했다. 도피만이 살 길이라고 생각했던 나는 우울했다. 퇴촌으로 이사해서도 여전히 집에 누군가 오는 게 느껴지면 커튼을 닫고 아무도 없는 척 숨죽이고 있을 정도로 사람들을 피했다. 그러던 어느 날, 울타리 나무 사이로 우리 집에 들어온 어떤 꼬마 아이와 그 아이의 엄마를 통해 베짱이도서관을 알게 되었고 나는 그 이후부터 지금까지 베짱이도서관의 죽순이를 자처하고 있다. 지금 누드 글쓰기를 하게 된 인연은 내가 베짱이도서관에 발을 들인 그날부터 시작되었다는 생각이 든다.

보석 같은 아이, 신금

명리 공부를 시작하면서 나는 수없이 과거와 현재를 오갔다. '맞아, 그랬지!'라며 잊고 있었던 나를 만났다. 어릴 때 이사나 새로운 일 등의 중요한 일을 결정할 때 할머니가 날짜나 방향을 정해 주시던 기억이 있다. 그때 나는 할머니가 어떤 중요한 일의 결정권자 같아 우리 집의 대장은 할머니구나 하는 생각을 했었다. 마치 미래를 예언하는 인디언 부족의 주술사 같은 느낌이었다. 전쟁과 병으로 자식을 모두 잃은 외할머니는 절에서 간절한 기도 후 엄마를 얻어 평생을 화주보살로 절에 보은하셨고 나는 방학 때면 절에서 며칠씩 놀다 오곤 했다. 그때 큰스님에게 '너는 보석 같은 아이다'라는 말을 들었는데 그저 내가 귀하다는 표현인 줄 알았다. 명리를 공부하기 시작하면서 그건 내가 신금이라는 말일 수도 있겠다는 생각이 들었다. 신금은 원석 그대로인 경금에 비해 이미 제련되어 어떤 형태로 완성된 보석이나 칼 등의 금속에 비유된다.

결혼 전 상대의 어머니에게도 같은 말을 들었었는데 '너는 보석인데 모래에 덮여 빛날 수 없으니 물로 씻어 줘야 한다, 외로운 사주지만 자식복은 있다더라, 외국어를 한 건 잘한 거라더라' 등등의 말과 함께였다. 나의 일지인 미토는 동물 중 양에 비유되는데 유목 생활 그리고 참을성과 끈기로 표현되는 양을 떠올려 보면 오랜 시간 진득하게 해야 하는 공부 중 외국어가 잘 맞았겠다고 생각할 수 있겠다. 그리고 나를 생해 주는 인성이 미토이니 신금이 모래에 덮여 있다는 말이 맞았다는 것도 알게 되었다. 여러 가지 재미있는 발견이었다.

나의 일간은 신금이다. 어릴 적 별명은 얼음공주, 목석, 쌍칼, 황소눈, 아룸이, 개구리왕눈이, 동맥경화증 등이었는데, 신체나 이름을 갖고 지은 것들을 제외하면 딱 신금에 어울리는 별명이다. 신금은 이미 다듬어져 있는 완제품에 비유된다. 이미 다듬어져 있으니 건드리는 것을 싫어하는 건 당연할 것이다. 나 역시 그랬다. 그래서 함께하는 활동보다는 혼자 완성하는 걸 좋아했다. 완성하는 과정에서 실패한 것들은 모두 정리하고 마치 내게 실패가 없었던 것처럼 완성된 결과물을 '짠!' 하고 보여 주곤 했다. 뭐든 알아서 잘하는 편이고 겉으로는 실패가 잘 드러나지 않으니 부모님조차 나의 생각이나 행동, 결정에 관여한 기억이 별로 없다. 그저 내가 필요하다고 도움을 청하는 일을 들어주시는 정도였다. 나중에 엄마에게 들은 얘기인데 동생들과는 다르게 나는 어차피 엄마 아빠가 얘기해도 말을 들을 것 같지 않았다고 한다. 혼자서 알아서 잘하니 그냥 두면 잘 자랄 것 같았다고. 남모르게 고군분투한 시간이 많았지만 결론적으로 엄마 아빠는 현명했다. 결정마다 내게 참견하고 관여했다면 조용한 까칠이인 나는 분명히 삐딱하게 나갔을 것이므로.

어릴 때부터 손끝이 야무지다는 말도 많이 들었다. 신금의 글자를 보면 사람들은 칼을 떠올리기도 하는데 나는 정확한 재단을 위해 쓰이는 도구들이 떠오른다. 예를 들면 컴퍼스, 커터, 가위, 니퍼 등과 같은 도구들이다. 이런 도구들과 나는 잘 맞는 편이었다. 기술을 많이 배우지 않아도 쉽게 익숙해지는 편이었고 도구가 나의 생각대로 움직여서 좋은 결과물이 나올 때의 쾌감도 좋았다. 그러다 보니 손으로 무언가를 만드는 일이 재미있었다. 초등학교 때 태극기함 만들기대회나 글라이더대회 등에서 몇 차례 상을 받기도 했는데 지금 보니 모두 오차 없는 정확함이 필요한 작업들이었다. 손재주로 뿌듯했던 기억은 또 있다. 어릴 적 외할머니를 따라갔던 절에서 연등을 만들 때면 나는 시키지 않아도 어른들이 만들기 편하도록 하얀색, 분홍색의 얇은 주름종이 뭉치를 한 장씩 떼어 끝을 뾰족하게 모아 연꽃잎처럼 만들어 드렸다. 그러다 호기심에 몰래 만들어 본 연등을 사용해도 좋겠다는 얘기를 듣고 나서는 연등을 만드는 데 함께했다. 일정한 간격으로 연잎을 붙여 올렸을 때 나오는 연등의 모양이 참 마음에 들었고, 나무와 나무 사이 촛불을 밝힌 수많은 연등 중 내가 만든 연등이 있다는 것이 너무나 뿌듯하고 기뻤다. 지금도 노트 제본, 바구니 짜기 등 손재주와 꼼꼼함을 필요로 하는 작업을 즐긴다. 이런 작업들이 자연스럽게 끌리는 걸 보면 신금인 내가 잘할 수 있는 일을 스스로 잘 찾았던 게 아닐까. 누드 글쓰기로 나의 재능과 일간의 성향이 일치되는 걸 발견하고 나니 내가 잘하는 일을 더 잘 활용하고 싶다는 생각이 든다. 울퉁불퉁 두꺼워져 홀대했던 나의 두 손이 귀하게 느껴졌다.

신금과 인정욕망

내 팔자 중 제일 크게 자리 잡고 있는 오행은 화 관성이다. 월지의 사화는 연지의 사화와 병존을 이루고 있고 연간에 정화가 떠 있다. 오행의 세력을 판단할 때 월지를 가장 큰 세력으로 보는데 사화는 병존하는 데다 정화와 통근까지 하고 있으니 화의 세력이 월등히 세다고 볼 수 있다. 관성은 일간을 극하는 자리다. 나에게 있는 가장 강한 힘이 나를 극하는 자리라니. 처음에는 '아휴, 그래서 내가 사는 게 힘들었나' 하며 부정적으로 느껴지기도 했지만 한편으로는 이유가 있다니 납득이 되기도 했다. 부정적으로 볼 것도 아니었다. 관성은 나의 욕망을 제어함으로써 나를 돌아보게 하고 스스로의 한계를 넘어설 수 있게 해준다는 대목에서는 감탄이 나왔다. 곧 나의 마음은 '좀 힘들지만 괜찮네?'로 바뀌었다.

나의 일간인 신금의 특징을 보면 여러 책에서 예민하고 까칠하고 히스테릭함을 말하고 있다. 깊은 곳의 나를 생각하면 그런 면이 아주 없지는 않은 것 같지만 전반적으로 사람들에게 나는 밝고 잘 웃는 사람이라는 피드백을 받고 있다. 가장 가까운 친구 베짱이는 나의 느낌을 계이름 '솔'보다 하나 높은 '라'와 같다며 '랄라'라는 애칭을 지어 주었다. 이 모두는 나에게 있는 밝고 강한 에너지, 화 관성의 영향일 것이다. 이미지로만 생각해 보면 사람들은 뾰족뾰족하고 차갑기만 한 신금에게는 다가가기 어려울 것이다. 자칫 잘못하면 그 날카로움에 베이거나 찔릴 수도 있을 테니 말이다. 하지만 강한 화 기운은 그 끝을 녹여 조금 둥글둥글하게 만들어 주지 않았을까.

게다가 관성은 어릴 때부터 초년 20년 동안 대운으로 작용한다. 관성을 극하는 식상은 전무하니 방해 없이 크게 작용했을 것이다. 어릴 적 관 대운은 내가 살아가는 습관과 패턴에 영향을 주었을 것이다. 진짜 하고 싶은 일보다는 잘할 수 있는 일을 선택해서 인정받고 싶어 했다. 밖에서는 짜증도 잘 못 냈다. 착한 아이여야 칭찬받고 인정받는 줄 알았다. 그래서 어릴 때부터 어른들의 눈에 착한 아이, 뭐든 잘하는 아이로 보이고 싶어 늘 이목을 의식하고 행동하곤 했다. 그런 어린 나를 보면 짠한 마음이 들기도 하지만 어릴 적 나는 그게 힘들다고 생각하지는 않았던 것 같다. 신금의 예리한 관찰력 덕분인지 칭찬받을 만한 일을 쉽게 잘 찾아냈다. 칭찬은 내 원동력이었고 스스로도 꽤 괜찮은 아이라고 생각했다. 빛나고 드러나는 걸 좋아하는 나의 일간(신금)에게 있어 관성의 강한 인정욕망은 반짝이는 '나'가 되기 위해 노력할 충분한 명분이 되었을 것이다. 이렇게 나의 일간과 강한 관성은 극을 하는 관계지만 그로써 나를 세워 온 큰 축이었다는 생각이 든다.

관성, 식상을 낳게 하다

다른 오행과 십신은 고개를 끄덕이며 흥미롭게 풀어 봤지만 식상은 의외였다. 주변 친구들도 내가 식상이 넘칠 거라 말했고 나 역시 그럴 거라고 생각했지만 어디에도 없었다. 심지어 지난 대운, 지장간에도 나의 식상에 해당하는 수 기운은 없었다. 이 잡듯이 뒤져 겨우 찾은 건 무신戊申 대운의 지장간에 있는 임수壬水다. 대운의 지장간에 숨은 임수의 기운으로 네 명의 아이를 낳았다고? 뭔가 부족해 보였다. 계속 의문을 갖고 기초 명리를 공부하던 중 항해승제亢害承制의 개념을 듣고 눈이 번쩍! 뜨였다.

> 관성이 일간(비겁)을 극하는 힘은 식상의 기운을 낳는 효과가 있다. 관성이 비겁을 극하면 비겁은 그 극제를 견디기 어려워 식상

을 낳는다. 식상은 관성을 극하는 자리에 있으니 관성이 비겁을 제어하는 힘은 약해질 것이다. (안도균, 『운명의 해석, 사주명리』, 북드라망, 2017, 302쪽)

살면서 가장 어려웠던 나의 어떤 관계가 떠올랐고 그러자 실마리가 풀리는 것 같았다.

그와 나는 학교에서 만났다. 나는 외국어학부 조교였고 그는 그곳의 AV실 조교였다. 가진 건 없지만 능력을 인정받는 공대생이었고 본인의 노력을 믿으며 하고자 하는 방향이 뚜렷한 면에 끌렸었다. 다른 사람을 의식하지 않는 점은 반대로 너무 의식하는 나로서는 부럽기까지 했다. 그 모든 점이 나를 힘들게 하고 공격하게 될 줄은 몰랐다. 결혼 후 그는 과일 하나도 내 맘대로 사지 못하게 했으며 먹고 싶어 하는 나를 비난했다. 내가 쓰는 돈은 모두 가치 없는 것으로 치부했고 그에게 나는 돈을 모르는 한심한 여자였다. 결혼 후 3년 동안 내 생일 때마다 꽃다발을 보내 준 아빠에게 "이러니 딸이 쓸데없는 데 돈을 쓴다"며 비아냥거렸고 그 뒤로도 속이 꼬일 때마다 내 가족을 비난했다. 내가 가려던 교사의 길을 무시했고 그러면서도 자기 기준의 커리어우먼을 요구했다. 가장 큰 갈등은 다른 사람을 의식하지도 배려하지도 않는다는 것. 그는 그의 생각을 폭력적인 언어와 행동으로 강요했고 나는 견디기 어려웠다.

그러면 그때 헤어졌으면 됐을 걸 왜 이리 오래 인연을 이어 왔냐고? 늘 칭찬받을 만한 일만 하고 크게 실망시킬 일은 하지 않았던 나는 부모님께 사실을 말할 수 없었다. 부모님이 내 파혼을 감당할 수 없을 것 같아서가 아니라 부모님의 실망을 내가 감당할 수가 없었다. 그때까지 열심히 노력하면 무엇이든 될 줄 알았던 나는 '차라리 내가 잘해 보자'라며 스스로를 설득하기 시작했다. 세상엔 해도 해도 안 되는 일이 있었다. 지금 생각해 보면 나는 그대로인 채 잘못했다고 생각하는 상대가 바뀌길 바랐던 마음으로 했던 노력은 헛된 것이었다. 완성체 신금인 나는 남편(관성)에게 깎이거나 다듬어지고 싶지 않았다. 상처 하나 나고 싶지 않았던 나는 어느새 나를 세상 쓸모없는 사람으로 만든 그에게 내가 할 수 있는 가장 심한 말들을 내뱉는 사람이 되어 있었다.

그와 함께 살면서 가장 힘들었던 것은 나를 향한 비난이었다. 그동안 비난을 받아 본 적이 없었고 그런 비난을 받을 때 스스로를 보호할 줄도 몰랐다. 그저 서럽고 화가 났다. 비난에 감정적으로만 대응하며 싸우거나 반대로 대응하지 않고 무시했다. 그런데 내 사주를 정리하면서 알게 되었다. 나는 어릴 때부터 지금까지 내가 아닌 남에게 기준을 두고 살아왔고 칭찬을 원동력으로 나를 세워 왔다. 칭찬이 아닌 비난을 받을 때 나 자신에게 확신을 갖지 못하는 건 당연했을 것이다. 끊임없이 비난하는 그 사람 앞에서 나는 당황했고 괴로웠으며 나로 당당히 서지 못했다. 내 존재의 이유를 그곳에서 찾을 수가 없었다.

다시 항해승제 이야기로 돌아가 보자. 결혼 전에는 나를 극하는 관성이 오히려 내가 발전할 수 있는 에너지가 되었다. 그런데 결혼 후 매일 옆에서 나를 극하는 남편이 생겼다. 그 전까지는 나를 빛내고 발전시켰던 관성이었지만 이번 관성(남편)의 과한 '극'은 견디기 어렵다. 그 전까지는 칭찬을 에너지로 인정 욕망을 채웠지만, 나를 끊임없이 쓸모없는 인간으로 치부하고 존중하지 않는 남편은 생을 고민할 정도로 힘들다. 그렇다고 해서 피할 곳도 없다. 견디기 어려웠던 나는 식상, 즉 아이들을 낳는다. 남편을 극해 줄 아이들이 생기는 격이다. 어릴 적에도 친척 아이들이 와도 눈길 한번 주지 않았었다. 결혼 전 아이 계획을 말할 때면 늘 '아이는 한 명, 혹은 없어도 되고'라고 말했는데 스스로도 아이 넷을 키우면서 의아했었다. 지장간까지 무식상인 내가 항해승제로 아이들을 낳게 되었다는 결론을 내리고 글을 마무리하던 중 나는 조언을 통해 아이들 아빠의 사주를 전혀 참고하지 않았다는 사실을 깨달았다. 아니, 외면했다고 하는 것이 맞다. 아이들 아빠를 다시 떠올려 글을 쓰는 것 자체가 나에게는 힘든 일이었기 때문에 사주를 보면서까지 이해하고 싶지 않았다.

'아!' 사주앱에 생년월일시를 넣고 확인을 누르고 나온 외마디. 그 역시 관성과다의 사주를 가지고 있었다. 심지어 관성이 4개. 남자에게 관성은 자식을 의미한다. 네 명의 아이가 꼭 4개의 관성 때문이라고 말하기는 어렵지만 순간 나는 뒤통수를 한 대 얻어맞은 느낌이었다. 무식상인 여자가 관성이 많은 남자를 만나 아이를 넷을 낳았다면 그건 남자 사주의 영향이라는 것 아닌가.

항해승제라는 개념에 나는 강하게 설득됐었다. 그 당시 상황과 맞아떨어지는 느낌이었다. 나를 향한 강한 극 때문에 식상을 낳았다는 말은 왠지 내가 그만큼 힘들었다는 것을 증명하는 것 같기도 했다. 게다가 여자인 나에게 그는 관성이고, 그는 관성이 많은 사람이니 나를 더 강하게 극할 수 있던 것은 아닐까? 나를 극하는 힘을 견디지 못하고 식상을 낳는다는 개념이 자연스럽게 받아들여졌다. 그럼에도 무식상인 내가 그저 나를 힘들게 극하는 사람 때문에 아이를 한 명도 아니고 네 명이나 낳게 되었다는 것을 설명하기엔 부족함이 있었는데 그에겐 자식에 해당하는 관성이 많다는 것을 확인하고 나니 의문이 풀렸다. 운명이란 정말 오묘하다. 이렇게 아이들과 인연이 되어 만나고, 그 아이들을 만날 끈이 되어 준 사람과는 인연이 끝났다. 그러고 보니 식상이 없는 사주인데 네 명의 자식이라니. 왠지 없는 오행이 채워진 듯 든든하다. 아이들은 엄연한 식상의 증거니까 말이다.

새로운 관성의 장, 베짱이도서관

사람 만나는 걸 극도로 꺼렸던 내가 우리 집으로 갑자기 들어

온 동네 아이와 그 엄마를 따라 베짱이도서관에 갔을 때 마침 도서관에서는 몸살림 운동을 시작했다. 마음도 엉망진창인 데다 산후조리도 제대로 못해 컨디션도 엉망인 나를 위한 프로그램 같았다. 아이들 때문에 집을 나섰다가 돌아올 때도 일부러 멀리 돌아 도서관을 지나가며 잠깐잠깐 들르곤 했다. 만나는 사람들도 좋았다. 때마침 기타 수업을 시작한 베짱이(베짱이도서관장 박소영)에게 기타도 배우기 시작했다. 몸살림 운동으로 몸도 살리고 사람들을 만나면서 마음도 살아났다. 무엇보다 아이들을 마음 놓고 풀어놓을 수 있는 곳이니 나에게는 오아시스와도 같은 곳이었다. 마을 사람들도 만나고 도서관 행사에도 적극적으로 참여했다. 내가 맡아서 하는 일이 정말 즐거웠고 이곳에서 내가 도움이 된다는 게 기뻤다. 아니 기쁨 이상이었다. 어릴 때부터 여자들이 해보지도 않고 무조건 남자들에게 부탁하는 일들에 도전하는 걸 좋아했다. 조명 설치, 전구 갈기, 못 박기, 세면대 설치, 타공, 방충망 교체, 손잡이 교체, 간단한 목공, 각종 공구 다루기 등등. '남자들만의 영역이 아니야. 여자들도 할 수 있다고!'라는 생각으로 40여 년간 스스로 연마해 온 실력들을 도서관에서 마음껏 발휘했다. 도서관에는 남자가 귀하므로 내가 가지고 있는 재주는 더 요긴하게 쓰였다. 물 만난 물고기는 나중에 '랄라 설비'라는 별명까지 얻었다.

    도서관에서는 사람이 많은 만큼 늘 사건이 터졌다. 실수는 기본 값이었고 그때마다 울고 웃으며 함께 풀어 갔다. 그리고 누군가의 용기에 늘 박수를 보낼 준비가 되어 있는 곳이었다. 그런 곳에서 마음 놓고 나를 드러낼 수 있었고 노래, 연주, 사회, 더 나아가 콩트까지, 내가 할 수 있다고 생각하는 일이면 부끄러움도 망설임도 없이 나설 수 있었다. 이제 너무 많이 나서게 되는 게 문제라면 문제다. 전과 달라진 또 다른 점은 행사 당일의 감동과 뿌듯함만큼이나 그날을 위해 미리 모여 만들어 가는 과정 하나하나가 큰 기쁨이라는 것을 알게 되었다는 것이다. 준비하면서 나의 실수를 드러내며 웃을 수 있었고 그런 곳이기에 나를 맘껏 표현할 수 있었다. 준비 과정과 실수를 감추고 자타에게 만족스러운 결과만을 보이던 지난날의 나와는 다른 모습이었다.

조금씩 베짱이도서관에 스며들고 있던 어느 날 책모임이 있다는 걸 알았다. 고백하자면 나는 책을 오랫동안 읽지 않았다. 20대에는 10대에 나를 너무 심하게 구속하던 아빠에게 더 이상 간섭을 받지 않아도 된다는 사실에 집에 들어가지 않고 밤낮으로 아르바이트를 하거나 놀기 바빴는데 그 와중에도 부끄러운 마음이 들었는지 대하소설 하나쯤은 읽어야 한다며 『아리랑』 전권을 숙제하듯이 읽고 그 뒤 『람세스』를 읽어 본 것이 독서 기억의 전부다. 아, 당시 유행하던 시집도 몇 권은 읽은 것 같다. 결혼하고도 임신 후에는 여느 엄마들처럼 네이버카페를 전전하며 정보를 끌어 모았다. 책은 요리책이나 육아서 정도. 사지 않으면 나쁜 엄마가 될 것 같은 홍보에 출판사별로, 질 단

위로 들여 놓은 아이들 그림책은 읽어 줬다. 그런데 내가 좋아하는 베짱이도서관에서 책모임을 한다니 궁금해져서 호기심 가득한 마음으로 참석해 보았는데 책을 읽고 나누는 이야기는 평소의 수다와는 다른 재미가 있었다. 책에 따라 주제는 내 아이, 내 가정에서 마을로 사회로 나라로 달라졌고 그동안 바깥세상을 외면했던 무심한 나를 직면하게 했다. 때로는 심각하게 고민하던 내 문제가 우리 모두의 문제라는 생각이 들어 마음이 가벼워지기도 했다.

계속 책모임을 하던 중 『아티스트 웨이』(줄리아 캐머런 지음, 임지호 옮김, 경당, 2012)를 만났다. 그때의 나는 도서관에서 만난 모든 것을 스펀지처럼 빨아들이던 중이었고 그 책 또한 의심 없이 온 마음을 열고 받아들였다. 『아티스트 웨이』에서는 창조성 회복을 위한 핵심 도구로 '모닝 페이지'와 '아티스트 데이트'를 제시한다. 모닝 페이지는 매일 아침 눈을 뜨자마자 머릿속에 떠오르는 생각을 자유롭게 써 나가는 것으로 일종의 명상과도 같다. 아티스트 데이트는 자신만을 위한 소풍이라고 말할 수 있다. 특히 아티스트 데이트는 어떤 소풍을 갈지 고민하는 것조차 행복한 일이었는데 몸 안의 세포를 깨우는 느낌이었다. 돌아보니 그 즈음 『아티스트 웨이』 책모임을 하게 된 건 시기적절했다. 네 명의 아이들을 육아하느라 정신없는 날들을 보낸 뒤 이제 막 나를 위한 시간을 내는 것이 가능해졌기 때문이다.

같은 책으로 두 번의 모임을 마치고 난 뒤 나는 전과는 다른 내가 되어 있었다. 그저 주어지는 대로 소극적인 일상을 살아온 내가 이제는 계획했던 일을 하나씩 이루면서 살고 있었다. 아주 작은 목표인 패러글라이딩부터 긴 준비가 필요한 빵집 주인이 되는 일까지 나도 모르는 사이 마음의 준비를 하고 착착 실행하고 있었던 것이다. 도서관 죽순이 3년 차, 나는 빵을 배우러 다니기 시작했다. 목요일 오후 내가 학원에서 빵을 만들어 오면 크고 작은 입들이 내 빵을 기다리고 있었다. 그 모습을 보고 싶어 빵을 만들어 돌아오는 길이 몸은 힘들어도 어찌나 신나던지. 꿈꾸던 일을 한다는 생각에 늘 마음이 두근댔다. 그 기쁨을 계속 누리고 싶어 도서관 한쪽 방을 임대해 조금씩 빵을 만들었다. 아이들을 재우고 몰래 나와 새벽까지 빵을 만들 정도로 열정이 넘쳤던 나는 2년 뒤 새로 이사한 베짱이도서관과 함께 빵집을 열었다. 머리로만 하고 싶은 일들을 수없이 나열하고 꿈꾸고, 몸으로는 전혀 움직이지 않던 나였는데 그 꿈들을 실현할 수 있다는 걸 알게 해준 최초의 책이 『아티스트 웨이』다. 책이, 나아가 책을 함께 읽고 나눈다는 것이 이렇게나 큰 힘을 가지고 있다는 사실을 확인했고 놀라웠다.

베짱이도서관에서 웃을 일은 또 얼마나 많았나. 나는 참 잘 웃는다. 특히 사람들과 함께일 때 더 많이 웃는다. 슬퍼도 웃고, 기뻐도 웃고, 머쓱해도 웃는다. 웃는 것을 좋아하기도 하지만 사람들의 웃는 얼굴을 보는 것 또한 좋아한다. 그래서였나.

나는 베짱이와 작당모의를 해서 서프라이즈 생일파티를 하곤 했다. 축하받는 사람의 얼굴을 보면 너무나 행복했다. 예상하지 못한 기쁨을 마주하는 그 찰나의 얼굴! 축하하는 마음과 축하받는 마음이 잘 통할 때는 왜 그런지 모르겠지만 어김없이 서로 눈물이 났다. 사람들을 만나기보다는 혼자 있기를 좋아하던 내가 베짱이도서관을 만나지 않았다면 누릴 수 없는 행복이었을 것이다. 그 공간이 있었기에 좋은 사람들을 만났고 그 사람들과 만나면서 내가 어떤 것에 기뻐하고 행복해하는지 그리고 앞으로 어디로 나아가야 할지를 알 수 있었다. 가장 기쁜 발견은 내가 사람들과 함께하는 걸 좋아하기도 한다는 사실이다. 물론 지금도 혼자 있기를 즐기지만 희로애락을 함께 나눌 때 훨씬 더 살아 있음을 느낀다.

그동안 죽순이로 있으면서 행사를 다른 사람들보다 조금 더 돕는 정도였지 내가 행사를 기획할 생각은 하지 못했었다. 그런데 지난해 동네 친구가 없는 시간을 쪼개 정리수납 자격증을 땄다는 말에 베짱이가 여기에서 강의 한번 하면 좋겠다는 말을 했고 나는 마치 전부터 기획했던 일인 것처럼 퍼즐을 맞추기 시작했다. 나는 오래전부터 마구 버려지는 쓰레기에 알게 모르게 죄책감을 갖고 있었다. 그렇지 않은 삶을 살고 싶었지만 그렇지 못한 나의 한계와 현실이 부끄러워 주변 사람들에게 함께하자고 얘기하지 못했었다. 그래도 관심은 계속 있었고 최근에는 이제 그만 사고, 있는 걸 재사용하자는 마음이 크게 자리 잡고 있었는데 정리수납 강의 얘기를 듣는 순간 사람들이 강의를 듣고 각자 일정 기간 동안 집을 정리하고 나온 물건을 벼룩시장에서 나누게 되면 정말 좋겠다는 생각을 했다. 바로 행사를 하자고 제안했고 내 머리는 빠르게 돌아갔다.

    이런 걸 바로 서당 개 삼 년의 풍월이라고 하는 것인가. 바로 강의와 벼룩시장 기간을 상의하고 날짜와 시간을 정했다. 당시 베짱이는 이전 해와는 다르게 행사가 많아 힘들어하고 있을 때라 내가 모두 맡아서 하겠다고 호언장담을 하였고 베짱이도서관과 정말 잘 어울리는 행사라며 동의를 얻었다. 그리고 규모를 예상하고 벼룩시장의 방향과 그에 따른 규칙을 정하고 홍보까지 큰 어려움 없이 해나갈 수 있었다. 판을 깔아 준 12년 차 베짱이도서관 행사 전문가 박소영과 다른 친구들의 도움이 있었기 때문이다. 삶을 함께 녹여 낸 강의는 참석했던 사람들의 마음을 다잡게 했고, 프로젝트로 함께 정리한 물건을 내놓은 벼룩시장에서는 쓸모가 없어진 물건이 다른 사람에게 새로운 쓸모가 되어 오고 갔다. 거기에 베짱이도서관에서는 빠질 수 없는, 허기를 달래 줄 음식까지 더해져 충만한 시간이 되었다. 나의 생각에 함께해 줄 든든한 지원군이 생겼다. 단지 사람만이 아니다. 그동안 내가 깨닫지 못했을 뿐 베짱이도서관이라는 관성의 장 안에서 나를 마음껏 표현하고 있었던 것이다.

태과된 화 관성과 염증

나는 신금 일간에 연지와 월지에는 사화가 병존하고, 월간에는 정화가 있다. 일지의 미토도 메마르고 뜨거운 흙으로 불과 같으므로 팔자 중 네 개가 화에 해당한다고 볼 수 있다. 또한 사화는 넘치는 열이나 화기가 염증으로 나타나는 경우가 많다고 하는데 나의 몸은 너무나 정직하게도 이런 화의 병증을 그대로 보여 주고 있었다. 일을 하는 패턴도 화의 모습을 하고 있다. 해야 할 일을 평소에는 미루고 미루다 그놈의 '필'(feel)이 오면 밤낮을 가리지 않고 불처럼 활활 타올라 내 몸을 태우고는 뻗어 버린다. 물론 그런 방식이 일의 완성도에서 중요할 때도 있다. 문제는 그런 패턴이 일상이 되어 있다는 것이다. 집안일도 한번에 몰아서 하고, 텃밭을 가꾸는 일도 '필'이 오는 날 몰아서 하곤 다음 날 끙끙댄다. 나눠서 해도 되는 일을 굳이 몰아서 하곤 병을 만드는 것이다. 화로 인한 나의 병증을 누드 글쓰기에서 써야겠다고 생각하니 상반적으로 나타난 두 가지 에피소드가 떠올랐다.

    기초 명리학을 끝내고 심화 과정으로 누드 글쓰기를 하면서 주제를 두고 많은 고민을 했다. 생각만 해도 가슴이 조여 오는 일을 글로 쓸 수 있을까. 아직 벗어나지 못했다고 생각했고 멀리 던져 두고 싶은 주제라고 생각했는데 "바로 그걸 쓰셔야 합니다!"라는 보경 선생님의 말에 갑자기 도전의식이 생겨났다. '그래 써 보지 뭐, 언제까지 내가 이렇게 피해야 하나. 이제는 그 주제에서 자유롭고 싶어!'라고. 그래야 한발 앞으로 나아갈 수 있을 것 같았다. 목차를 구성하는 한 주 동안은 가슴이 조금 부담스러운 정도였다. 그러다 글을 쓰기 시작하면서는 가슴이 너무 조여 잠에 들지 못하는 날이 생겼고, 심장이 불안정하게 제멋대로 달리는 느낌과 함께 헛기침이 나기도 했다. 하루가 다르게 몸에 열감이 느껴졌고 입 안이 데인 듯 한 꺼풀 벗겨진 느낌과 함께 혀끝이 따끔거리면서 급기야 맛을 느낄 수 없는 상황까지 갔다. 베짱이는 바로 나를 한의원에 데려다 주었고 선생님은 심장에 쌓인 열이 원인이며 구강작열감은 화병의 끝단계라고 했다. 화는 오장五臟으로는 심장, 오관五官으로는 혀에 해당한다더니 나에게 미치는 화의 영향을 몸으로 확인한 순간이었다.

놀라운 것은 이것만이 아니었다. 몸은 내가 생각하는 것보다 훨씬 빠르게 빛의 속도로 예전 괴로웠던 그 당시의 몸으로 돌아가 있었다. 내 머릿속은 아직 정리되지 않았고 그 당시로 가려면 한참 멀었는데 몸은 미리 가 있다니. 몸의 기억력과 속도에 놀라웠다. 심장의 열을 내리는 한약을 먹고 심장은 많이 가라앉았지만 맛을 못 느끼는 기간이 한 달이 넘어서자 조금 두렵기도 해서 심화 과정만 마치면 이 주제는 보이지 않는 어딘가로 다시 던져 둘 생각이었다. 하지만 나름 깊게 파고들었던 세 바닥 글의 힘도 만만치 않았나 보다. 어디서 생긴 건지 모를 자신감이 생겼다. 다시 마주해도 내 몸이 그때로 돌아가지 않을 것 같은 자신감. 이제는 글을 수정하기 위해 다시 그 때와 마주해도 심장이 쪼그라들지 않는다. 오히려 과하게 감정적이었던 부분들을 발견하며 줄여 나가는 작업을 하게 되었다. 몸이 한번 긴장했지만 글쓰기를 통해 피하고 싶었고 외면했던 그 문제를 꺼내어 흘러가게 할 수 있었다. 글쓰기의 힘을 알게 된 값진 나의 첫 경험이다.

반대로, 있던 증상이 없어진 예도 있다. 고등학교 때까지 아빠는 나의 외출에 매우 엄격했는데, 성인이 되면 자유를 주겠다고 약속한 아빠를 시험하듯 나는 집에 붙어 있지 않았다. 대학 수업이 끝나면 아르바이트를 하고 저녁에는 친구들과 이삼일이 멀다 하고 술을 마셨다. 새벽이 되어야 집에 들어가고 아침이 되면 나오는 생활이 반복되면서 잦은 구내염에 시달렸다. 그러다 26살 여름 무렵부터는 염증이 다른 부위까지 퍼져 일상 생활이 어려워졌고 다급함에 찾아간 병원에서 베체트라는 진단을 받았다. 베체트는 희귀난치성 질환으로 분류된 병으로 몸의 점막 어디에나 염증이 생길 수 있고 그 염증이 눈에 생기면 시력을 잃을 수도 있다는 말을 듣고 무서워서 정말 성실히 병원에 다니며 약을 먹었다. 아이를 낳으면 체질이 바뀌면서 병이 나을 수도 있다는 환우회의 글을 보고 기대를 하기도 했지만 크게 달라진 것은 없었다. 퇴촌에 이사 와서도 2년 동안은 정기검진 차 병원에 다녔는데 언젠가부터 증상이 없어 약을 먹지 않게 되었고, 그렇게 시간이 지난 어느 날 산정특례(환자의 진료비를 10%로 경감하는 제도) 기간을 연장하라는 메시지를 받고는 깨달았다. 약을 안 먹기 시작한 그즈음부터 증상이 한 번도 보이지 않았고, 5년 동안 그 병의 존재를 의식하지 않고 살았다는 사실을 말이다. 12년 동안 지긋지긋하게 내 몸에서 돌고 돌았던 염증이 사라졌는데 몰랐다니! 정말 놀랍고 기뻤다. 증상이 없으니 병원에 갈 필요가 없었고 산정특례는 해제됐다. 그 뒤로도 지금까지 증상은 나타나지 않고 있다.

그 전과 달라진 건 크게 세 가지라고 생각했다. 삶의 터전을 퇴촌으로 옮겼다는 것(베짱이도서관을 만났다는 것). 그리고 남편의 해외 발령으로 따로 살게 되었다는 것. 마지막은 나를 살피게 되었다는 것. 이 세 가지만으로도 '그럴 만하네'라고 생각하긴 했다. '나를 힘들게 하던 대상이 눈앞에 없고 나를 지지해 주는 곳에서 나를 살폈으니 스트레스가 많이 해소됐겠네'라고 말이다. 사주를 배우면서도 풀어 볼 생각을 못하고 무엇이 바뀌었는지를 외부에서만 찾던 나는 어느 날 〈감이당〉에서 선생님들에게 내 사주를 내어 놓고 의견을 듣던 중 놀라운 말을 들었다. 증상이 없어지던 그즈음부터 대운이 바뀌면서 기유己酉 대운이 들어왔던 것. 기유는 내게 편인과 비견이 된다. 인성이 나를 생해 주니 내게 힘이 되고 비겁이 들어와 스스로를 더 강하게 해주니 상대적으로 나를 극하는 사화의 기운을 견디는 힘이 세졌다고 풀이할 수도 있겠다. 그러나 그보다 더 큰 변화는 다른 데 있었다. 바로 사유축금巳酉丑金! 사화는 유금을 만나면서 금으로 바뀐다. 축토가 없어서 완전한 사유축 삼합이 일어나진 않았지만, 사유 반합으로도 비겁이 더 세지고 상대적으로 사화의 기운이 약해진 것이다. 10년 넘게 고생하게 했던 내 몸의 염증이 대운으로 들어온 유금의 기운으로 사라졌을 수도 있다. 너무나 놀라운 일이다. 우리의 몸은 자연이고, 수많은 인연과 기운의 변주에 따라 끊임없이 바뀐다는 것을 나의 몸으로 확인한 것 같은 느낌이었다.

나의 병은 모두가 염증이 원인이라고 봐도 될 정도로 화의 영향을 받았다. 치솟고 옆으로 번지는 무시무시한 힘을 가진 화火. 일도 공부도 화처럼 한번에 몰아치는 방식으로 해왔으니 내 병을 내가 키운 셈이다. 작년에 공부를 시작한 명리와 올해 공부하게 되는 『동의보감』은 필요할 때 나타나 준 귀한 인연이다. 공부를 통해 치우쳐진 몸을 어떻게 순환시켜야 할지, 내 몸에 맞는 방식은 어떤 것인지를 알아볼 수 있는 귀한 시간이 될 것이다. 혼자라면 어렵겠으나 도서관에서 친구, 이웃들과 함께이고 도와주실 선생님들도 곁에 계시니 의욕 빵빵! 도전하는 마음도 준비 완료다.

지루하지 않은 삶, 역마

사주를 보니 베짱이도서관을 만났을 즈음부터 전에 없던 비견 대운이 들어와 있었다. 10년이라니. 나는 10년 동안 같은 사람들을 만나는 일이 극히 드물었다. 강한 역마로 지금까지 같은 곳에 오래 살아 본 적이 없는 탓이다. 내가 얼마나 이사를 많이 했는지 설명할 때 다 말할 수가 없어 '초등학교 때 전학만 5번 이사는 더 많이'라고 얘기하고는 했다. 이참에 정리를 해보자며 마음먹고 세어 보니 초등학교 때 8번을 포함해 총 32번의 이사를 했다. 이건 확실한 기록이나 기억만을 센 것이라 그보다 더 많을 수도 있다. 내 나이 마흔여덟, 32번의 이사라니 세면서도 이게 맞나 싶었다. 사화의 병존에 인목까지 더해진 역마살에, 유랑하듯 옮겨 다니는 양¥(미토)의 영향이 이다지도 센 것인가. 그저 엄마 아빠를 따라 이사를 다닌 거라고 생각했었다. 그렇다고 우리 집은 왜 이렇게 많이 이사를 하나 하는 의문을 가진 적도 없었다. 그냥 다들 이렇게 산다고 생각했던 것 같다. 이사의 이유는 거의 대부분 아빠의 이직이었다. 정규직일 때도 잠깐씩 있었지만 오래 견디지는 못하셨다. 자기 일을 해야 하는 아빠는 농사를 지으면서 비로소 춘천에 지금까지 정착해 계신다. 하지만 그마저도 한 가지 농사를 짓지는 못하셨다. 우리나라에서 지을 수 있는 종류의 버섯 농사는 모두 지으셨고 상황버섯은 국내 최초 인공재배라는 타이틀도 갖고 계신다. 엄마는 아빠가 하는 일에 크게 반대하지 않고 함께했기 때문에 우리는 아빠를 따라 이리저리 다니게 된 셈이다. 그러나 아빠 때문이라고 생각할 수 있는 이사가 대학교 때까지 14번. 대학 생활 중에는 교환학생으로 일본에도 다녀왔다. 그 뒤로는 독립을 한 셈이므로 온전히 내 사정만으로도 지금까지 16번의 이사를 했다. 자기 소유의 집이 없어서 계약 기간에 따라 이사하게 된 걸 당연하게 생각했는데 내 소유의 아파트가 생겨도 남편의 이직으로 이사할 이유는 생겼다. 그러니 이사는 그냥 때가 되면 하는 것이라는 생각에 의심이 없었다. 비록 퇴촌 안에서도 10년 동안 다섯 번의 이사를 하게 됐지만 같은 곳에서 같은 사람들을 만나면서 생기는 갈등을 이제야 겪고 배우고 있다. 여기는 피할 곳도 없지만 피할 마음도 없다. 그러다 보니 고민하게 된다. 풀기 어려운 숙제이지만 이 또한 친구들과 함께 고민하고 조금씩 진짜 나의 마음이 무엇인지 들여다보려고 노력하고 있다. 피하고 외면한다고 괜찮은 게 아니라는 걸 이제 안다.

글을 쓰면서 엄마 아빠가 우리 며칠 뒤 이사한다고 말하면 그냥 아무 영혼 없이 짐을 쌌던 기억이 떠올랐다. 너무나 갑작스러운 이사라 친구들과 인사도 제대로 못한 상황이었는데도 왜 이렇게 갑자기 이사하냐는 항의도 없이 별로 챙길 것도 없던 내 짐을 챙겼던 기억. 친구들과의 이별에도 별로 연연하지 않았구나 하는 생각에 조금 짠한 마음까지 들었다. 초등학교 때의 잦은 전학은 인간관계를 맺는 방식에 많은 영향을 주지 않았을까 하는 생각이 든다. 누군가와 싸울 일도 없었지만 그럴 일이 있어도 고민을 하다 보면 이사하는 날이 다가온다. 이사로 헤어지면서 자연스럽게 관계는 정리되었다. 이런 일이 잦

아지다 보니 껄끄러운 일은 웬만하면 피할 수 있을 때까지 피하고 내가 참으면서 문제로 드러내지 않는 습관이 생긴 것 같다. 중학교 이후 조금은 외향적인 성격으로 바뀌었지만 다른 사람과의 갈등을 대하는 태도는 여전했다. 갈등이 될 만한 상황은 피하고 참아 냈다. 그러다 보니 싸우거나 고민하다가 용기 내어 사과를 하는 일도, 관계를 회복한 기억도 당연히 없었고 따라서 나에게 관계의 어려움이 있다고는 꿈에도 생각하지 못했다.

이사할 때마다 다음 공간에 대한 기대감이 있었다는 사실도 떠올랐다. 특히 내 방이 처음 생긴 고등학교 때는 엄마와 함께 이사 갈 집에 다녀온 뒤 기술 수업 시간에 배운 건축도면 기호를 익혀서 눈짐작으로 그 집의 설계도를 그리고 내 방의 크기에 맞춰 그린 가구들을 오려 이리저리 옮겨 보며 이사 준비를 했다. 내가 살던 곳에서 만난 사람과 헤어진다는 아쉬움보다 낯선 곳으로 가는 설렘이 더 컸던 것 같다. 지금의 문제를 직시하기보다 새로운 환경으로 바꾸면서 리셋하고 싶은 마음도 있었던 것 같다. 그런데 지금은 아니다. 가끔 그런 마음이 들 때도 있지만 어렵더라도 문제를 해결하고 이곳에 있고 싶다. 지금까지 그래 왔던 것처럼 내가 또 이사 가게 되면 어떡하지? 하는 마음이 생기기도 했다. 내가 원하지 않는다고 해도 어쩔 수 없이 사주팔자에 들어 있는 내 기운이 나를 끌고 가면 어떡하나 하는 두려움이었다. 그렇지만 나는 명리를 배운 사람! 그 전에는 머무르고 싶은 마음보다 낯선 곳으로 가는 설렘이 더 컸던 마음, 리셋하듯 나를 모르는 곳으로 가고 싶은 마음이 있었음을 확인했다. 지금 나의 마음은 이곳에 머무르는 것이니 나의 욕망대로 이곳에서 사람들과 삶을 나누고 함께 공부하게 될 것이다.

재미있는 건 나의 역마 본능이 사라진 것은 아니라는 것이다. 퇴촌에 이사 오고 이곳에서 벗어나지 않으면서부터 나는 정말 많은 분야에 관심을 가지기 시작했다. 도서관에 있으니 자연스레 책에 관심을 가졌는데 그 관심이 책의 내용이었다면 더 좋았겠으나 나는 책이라는 물상 그 자체에 흥미를 느껴 예술제본을 배웠다. 뿐만 아니라 전통주 빚기, 식초, 천연발표종 빵, 효소, 그릭요거트 등 먹거리 만들기부터 스테인드글라스, 옷, 자연소재 빗자루 만들기까지, 만들기를 지나 치앙마이식 수선, 도자기 수리 등도 배웠고, 최근에는 풀짚공예를 배우고 있다. 퇴촌을 벗어나 여행하듯 가서 배웠고, 가는 데 몇 시간이 걸리든 내가 좋아하는 일이라면 아무런 부담 없이 길을 나설 수 있었다. 최근에는 새 물건을 사는 것보다 수선이나 수리에 관심을 갖고 있다. 내 공간이 책, 그릇, 옷, 신발, 작은 가구 등 무엇이든 수선할 게 있으면 가져와서 스스로 수선할 수 있는 거점이 되기를 꿈꾼다. 그렇게 보면 지금 나의 역마는 내가 꾸는 꿈을 실행시켜 주는 고마운 기운이다.

재성—위기를 기회로

나에게는 천간과 지지에 각각 을목과 인목 두 개의 재성이 있는데도 늘 잘 쓰지 못하는 느낌이었다. 재성은 육친으로는 아버지에 해당한다. 그리고 재성은 내가 극하는 자리다. 내가 제어하고 통제할 수 있다는 뜻이기도 하겠다. 그렇다면 신금인 내가 필요한 부분과 그렇지 않은 부분을 재단하고 조절해서 잘 쓸 수 있을 것도 같건만, 나는 그때그때의 느낌과 기분에 따라 재성을 쓰고 있다. 왜지? 나를 지배하는 화 관성에만 신경을 쓰느라 재성을 잘 보지 못하기도 했지만 여러 가지 이유로 이번 누드 글쓰기에는 재성에 대해 쓰지 않겠다고 마음을 먹었었다. 하지만 지금의 나를 설명하기 위해 빼 놓을 수 없는 부분이 재성이기도 했다. 그래서 오랜 시간 앞에 두고 째려만 보기를 며칠째, 드디어 실마리를 찾았다.

나에게 있어 재성은 목 기운에 해당된다. 재성을 일과 마무리, 결과, 돈 등으로 생각하다 보니 잘 풀리지 않았었는데 나무의 특성으로 생각하니 조금씩 이해가 되었다. 목 기운은 시작하는 기운이면서 빠른 속도를 가지고 있다. 속도가 빠르다는 것은 돌파력을 가지고 있다는 뜻이고 동시에 그 속도 때문에 놓치는 일이 생길 가능성이 크다고 이해할 수 있다. 그리고 갖고 있는 에너지를 속도에 쓰기 때문에 상대적으로 마무리가 부족할 수밖에 없을 것이다. 나는 흥미로운 어떤 일을 만났을 때 밀고 나가는 힘은 좋으나 늘 마무리가 부족하고 산만했다. 다른 매력적인 것을 만나면 뒤돌아보지 않고 그 매력에 빠졌고 그 전에 하던 일은 흐지부지되기 일쑤였다. 공부를 더 한다고 했다가 갑자기 일을 해서 돈을 벌겠다고 선언하고는 돈을 잘 벌다가 갑자기 더 공부를 해야겠다며 일을 그만두기도 했다. 하겠다는 욕망이 생기면 현실을 돌아보는 일 없이 '그냥' 해왔다.

재성을 돈으로 봤을 때도 마찬가지다. 결혼하기 전에는 나 혼자니 부족하면 일을 해서 돈을 벌면 됐기 때문에 큰 문제가 생길 일이 없었다. 하지만 이혼 후 현실에 맞춰 살림을 꾸리는 능력이 부족하다는 것을 깨달았다. 나는 돈이 우선인 그와 헤어지면서 돈으로부터 자유로워졌다고 생각했었다. 하지만 나의 기준대로 살림을 꾸리다 보니 몇 년이 지나 여기저기 구멍이 보였다. 현실적인 기준으로 살림을 꾸리기보다는 나의 가치에 따라 그때그때 소비를 결정했다.

그런 방식으로 살림을 꾸려 온 내게 제동이 걸린 건 올해 2025년이다. 올해는 첫째가 대학생이 되고, 둘째가 고3, 셋째와 넷째 쌍둥이들이 고1이 되는 해이다. 대학생도 무서운데 고등학생이 세 명이 되는 것이다. 고등학생이 세 명! 지금까지 각자 학원 한 군데씩 보내고 용돈도 최소한의 금액만 주고 있는데도 조금씩 마이너스가 되는 상황이었다. 고3이 되는 둘째에게 드는 비용을 기준으로 생각하면 나는 지금 버는 돈의 2~3배의 돈이 필요하게 된다. 비장한 각오를 하지 않을 수 없는 이유다. 세 명이 학원 하나씩 다니고 지금 살고 있는 퇴촌 밖으로 학교를 다니면서 드는 교통비와 식비 거기에 둘째의 기숙사비와 용돈, 그리고 약속했던 첫째의 대학 1학기 기숙사비까지 생각하니 마음이 급해졌다. 덜컥 당시 하고 있던 한살림 두 시간 활동가를 그만두겠다는 얘기부터 꺼냈다. 어깨 문제로 1년 동안 빵집을 쉬었는데 어깨에 무리가 덜 가는 종류로 바꾸고 오프라인에서 온라인의 형태로 바꿔 다시 오픈할 준비를 했다. 시청에 온라인 판매를 위한 업종추가신청을 하고 스토리를 만들어 텀블벅 펀딩에 참여할 준비도 시작했다.

하지만 그 시간은 오래가지 못했다. 막상 준비를 하다 보니 벽에 부딪치는 지점이 많았다. 첫째, 온라인 판매는 1년 전에 기획했던 나만의 스토리를 믿고 추진한 일인데 그 사이 세상은 바뀌었고 나 또한 바뀌었다. 더 이상 확신이 들지 않는 일을 밀고 나가자니 에너지가 생기지 않았다. 그렇다고 다시 뒤집어 새로운 콘텐츠를 만드는 건 더 자신이 없었다. 둘째는 온라인이라는 것은 모든 상품을 택배로 보내게 되는 건데 요즘 중요하게 생각하고 있는 환경 문제를 외면할 수가 없었다. 박스와 각각의 포장을 모두 친환경 소재로 한다고 해도 그것이 진정 친환경적인지 고민할 일이었다. 그리고 그렇게까지 해서 보낼 정도로 가치 있는 일인가를 생각해 보니 이 부분에서도 자신이 없어졌다. 셋째는 사업은 불안정할 수밖에 없는데 내가 이 불안정한 상황을 감당할 수 있는가. 사업적인 마인드도 부족하고 내 이익을 챙기는 면에서도 부족한 내가 어찌어찌 5년 동안 빵집을 운영했지만 경기도 최악이고 여유 자금이 전혀 없는 지금 다시 도전하는 일은 불안한 요소가 너무 많았다. 그 불안을 감당할 자신이 없었다.

결국 빵집을 포기하기로 결정하고 나니 그다음으로 생각할 수 있는 건 따박따박 월급이 나오는 곳에서 종일 근무를 하는 것이었다. 20년 만에 구직사이트를 열어 구직 활동을 시작했다. '내가 할 수 있는 일이 무엇인가'부터 시작했다. 나의 커리어가 무엇인가. 그래도 갈 곳이 있지 않을까? 하는 마음으로 하나씩 찾아보았다. 일본어 교육을 전공했지만 20년 동안 경력이 단절되었던 내가 정규직으로 갈 수 있는 곳은 없었다. 다음은 제과제빵 분야를 알아봤다. 하지만 나이 오십이 되어 가는 내가 갈 곳도 없거니와 갈 수 있다고 해도 아직 삐걱거리는 어깨로 주어진 일을 해낼 수 있나 생각해 보니 아무래도 불가능할 것 같았다.

보육교사 자격증이 있으니 다시 어린이집으로 가 볼까, 그냥 집 근처 식당을 알아볼까 하다가 당근마켓에도 들어가 제조, 채소세척작업, 도시락 포장 및 배달 등 여러 곳에서 일하고 있는 나의 모습을 떠올려 보기를 며칠. 문득 내가 꿈꾸던 삶이 따로 있는데 나는 왜 지금 이렇게 헤매고 있나 하는 의문이 생겼다. '아니, 내가 살고자 했던 삶이 있잖아. 왜 돈만을 위해서

원하던 모든 것을 포기할 생각을 하는 거야?'

때마침 내 방에 놀러 온 베짱이에게 이 얘기를 꺼냈더니 '그러면 한살림에서 네 시간 활동가로 전환하고 부족한 부분은 지금 하던 소비를 조금 줄이고 아끼면 어때?'라고 제안했다. 사실 그동안도 베짱이는 내게 몇 번이나 같은 얘기를 했었다. 내가 그건 안 된다며 단호하게 말했지만 그래도 이러는 내가 안타까웠는지 어렵게 반복해서 얘기를 해줬는데 그 말이 내 안에 전혀 들어오지 않았던 것이다. 조금만 유연하게 생각해 봤으면 그 길은 내가 가고 싶어 하는 길이 아니라는 것을 알았을 텐데. 오랜 시간 헤매고 나서야 '헉, 삶이 바뀌는 거잖아!' 하고 멈추는 내가 바보 같았다. 어딘가 홀린 것 같은 느낌도 들었다.

바로 다음 날 동료를 만나 한살림 정규직이 되면 지금과 어떻게 다른지 물어보고 출근해서 바로 정규직으로 지원을 했다. 돌아보니 내가 얼마나 중요한 걸 놓치고 있었는지가 보였다. 마을에서 사람들과 함께 희로애락을 나누는 삶, 자연을 가까이하는 삶, 내가 추구하는 것을 함께 나눌 수 있는 장이었던 베짱이도서관에서 함께하는 모든 일들을 그저 월급날만 기다리며 쳇바퀴처럼 돌아가는 날들과 바꿀 뻔했다고 생각하니 머리카락이 뾰족 섰다. 더구나 그렇게 일을 하면 정작 아이들이 도움을 요청할 때 나는 시간을 낼 수 없을지도 모른다. 그럼 내가 왜 이 일을 하고 있는지 자괴감이 들 게 뻔하지 않은가. 인간이 한 생각에 빠지면 이렇게까지 어리석어질 수 있구나 하고 깨닫는 순간이었다.

내가 살고 싶은 인생의 방향에 대해서는 완전히 망각한 채 내가 쓰지 않아도 되는 곳에 돈을 쓰고 있지는 않은지 점검 한 번 해보지 않고 그저 더 필요한 돈의 액수 생각에만 빠져 있었다. 지금 누리고 있다고 생각하는 모든 것을 그대로 유지하고 싶다는 욕심도 있었던 것 같다. 그러다 보니 더 마음이 급해졌을 것이다. 잘 들여다보면 필요하지 않은 곳에 쓰는 돈이 꽤 많이 있었다. 특히 그때의 기분에 따른 충동적인 소비가 많았다. 그래도 생계는 유지가 됐고 그런 날들이 지속되면서 나의 삶을 더 느슨하게 만들었다. 그런데 이게 내가 원하는 삶은 아니었다. 계획 없이 살고 싶다는 것이 아니라 오히려 돈을 '잘' 벌어서 '잘' 쓰고 싶었다. 내게 필요한 만큼의 돈만 벌면 시간도 벌 수 있다. 그 시간을 잘 쓰고 싶었다. 어리석게 삶의 방향이 바뀔 위기에서 벗어나고 보니 내가 원하던 삶이 더 선명하게 보였다. 오히려 나에게 있어 돈을 번다는 것은 무엇인가, 무엇을 위해 돈을 버는가, 그리고 잘 쓴다는 것은 무엇인가를 고민해 볼 수 있는 좋은 기회였다.

내게 있는 목 재성의 특징을 이해하고 나니 지금까지처럼 끌리는 대로 재성을 쓰기보다는 조금 다듬고 계획할 필요가 있다는 생각이 들었다. 한마디로 그동안 재성을 제대로 '극'하지 않았다는 말이기도 하다. 목 재성을 내가 제대로 극하지 않으면 재성의 생을 받는 화 관성은 더 통제하기 어려운 상황이 되고, 통제가 되지 않는 화 관성은 결국 나를 극한다. 반대로 내가 재성을 잘 극한다면 다듬어진 재성은 관성을 생해 주고, 관성은 나를 적절히 극하고 다듬어 줄 것이다. 물론 너무 강한 관성은 인성으로 설기하고 비겁은 식상을 낳아서 순환시키는 게 제일 좋지만 이미 기울어져 있는 이 삼각형의 재관 구조를 잘 쓰면서 순환하면 좋겠다는 생각을 해본다. 신금의 예리하고 섬세한 재단으로 이 위기를 잘 극복해 보자!

오행을 순환시켜 '새로운 나'로

몸도 마음도 피폐해져 더 붙들 곳 없던 내가 아무 연고 없는 퇴촌이라는 곳에 갑자기 흘러들어오게 되고, 우연히 우리 집에 들어왔던 그 엄마와 아이를 따라 베짱이도서관으로 발길을 옮겼을 때 나는 알았던 걸까? 베짱이도서관이 채울 것은 채우고 덜어 낼 것은 덜어 내어 나의 오행을 순환시킬 곳이라는 것을. 사람은 함께 살아야 한다는 것을 깨치게 할 곳이라는 것을.

베짱이도서관의 죽순이로 살아가면서 나도 모르는 사이 오행의 사이클은 돌고 돌아 새로운 나를 만들어 내고 있었다. 도서관에서 내가 할 수 있는 일들을 찾아서 하고, 도서관에서 만나는 사람들과 사건·사고를 함께 겪으며 프로젝트 하나하나를 준비하고 완성한다. 늘 갈등이 있고 배움이 있는 곳, 더구나 이곳은 도서관이니 인성이 키워지는 건 당연한 일일 것이다. 인성은 나를 생해 주어 새로운 나를 만나게 한다. 사주를 보니 마치 아바타처럼 닮은 베짱이와 베짱이도서관의 사주에는 모두 나에게 없는 식상이 두 개씩 있다. 게다가 베짱이는 베짱이도서관을 열면서부터 지금까지 식상 대운이 들어와 있다. 식상이 없는 나에게 이곳은 더없는 용신이 된다. 그때는 알지 못했지만 용신은 제대로 통했다. 다른 곳에서는 내 안의 검열관이 작동해서 하지 못할 일도 베짱이도서관 안에서라면 무엇이든 표현할 수 있다. 이런 곳이라면, 아닌 것을 아니라 말하지 못했던 어린 날의 나와는 다른 내가 될 수 있지 않을까? 그리고 조금씩 다른 사람들의 눈에서 벗어나 그냥 있는 그대로의 나를 더 많이 바라보게 되지 않을까? 비록 기억 속의 어린 나는 인정욕망의 굴레 속에서도 힘들어하지 않았지만 그때와 달라진 나는 더는 인정욕망만 채우며 살아가고 싶지 않다. 이곳에서 많은 것을 배웠고 배우고 있다. 책에 둘러싸여 귀동냥으로 배운 것들은 조금씩 나의 몸에 스미고 있고, 좋은 사람책들을 만나 나도 한 발 한 발 따라가고 있다.

베짱이도서관에 발을 들이고 누드 글쓰기를 하고 있는 지금까지 나는 끊임없이 나를 찾는 연습을 해온 듯하다. 결혼 전의 내가 어떤 사람이었는지가 그 시작이다. 결혼 생활이 답답하고 불행하다고 생각했기 때문에 그 전의 나를 기억해 낼 때마다 반갑고 기뻤다. 그 전의 나로 돌아가고 싶다고 생각했지만 지금의 나는 이전의 나와는 이미 달라졌다. 너무나 당연한 일이지만 조금 서운하기까지 했다. 그럼 지금의 나는 누구지? 궁금해하면서도 그때그때의 생각으로 그칠 뿐 그 물음을 손에 쥐고 끌고 가지는 못했다. 스스로 구하면 얻는다고 했던가? 큰아이를 낳을 때 시간을 맞춰 낳아야 한다며 분만실로 끊임없이 전화를 했던 시어머니 때문에 사주는 절대 보지 않을 거라던 내가 사주명리를 공부하고 누드 글쓰기도 하게 되었다. 나를 알아 가는 데 누드 글쓰기는 더없이 좋은 도구가 되어 주었다. 누드 글쓰기를 하려면 나를 끊임없이 보고 또 보게 되기 때문이다. 결국엔 그럼 내가 어떻게 살아야 하는가로 갈 수밖에 없으니 나를 아는 것뿐 아니라 내가 어디로 가야 하는지도 생각하게 해주는 최고의 도구다(라고 썼지만 나를 보는 글쓰기가 낯선 나로서는 이전에는 겪어 보지 못한 고행이기도 했다).

> 운명을 안다는 건 '필연지리'必然之理를 파악함과 동시에 내가 개입할 수 있는 '당연지리'當然之理의 현장을 확보한다는 것을 의미한다. 정해진 것이 있기 때문에 바꿀 수도 있는 것이다. (……) 사주명리학은 타고난 명을 말하고 몸을 말하고 길을 말한다. 그것이 정해져 있어서 어찌할 수 없는 것이 아니라, 그 길을 최대한으로 누릴 수 있음을 말해 준다. 아는 만큼 걸을 수 있고, 걷는 만큼 즐길 수 있다. 고로, 앎이 곧 길이자 명이다. (고미숙, 『나의 운명 사용설명서』, 31쪽)

처음 고미숙 선생님의 『나의 운명 사용설명서』를 읽었을 때 명리가 자연이라는 사실과 함께 강하게 끌렸던 부분이 바로 이 대목이었다. 사주가 정해져 있어서 어쩔 수 없는 것이 아니라, 내가 아는 만큼 그 길을 최대한 누릴 수 있다는 것. 〈감이당〉 팀이 처음 베짱이도서관에 방문했을 때 베짱이의 사주가 궁금한데 가르쳐 주지는 않아서 속으로 '알면 좀 가르쳐 주시지'라고 생각했었다. 그런데 이제는 남이 해줄 수 있는 건 별로 없으니 스스로 할 수밖에 없다는 것을 알게 되었다.

올해(2025년)부터 나의 대운은 기유 대운에서 경술 대운으로 바뀌었다. 편인/비견에서 겁재/정인으로 바뀐 것. 편인은 음악·미술 등의 예술적 감각이나 무언가를 만드는 취미와도 관련이 있다고 했다. 일지에 미토 편인을 갖고 있어서 손으로 만드는 걸 좋아하나 생각했는데 지난 10년에는 대운의 기토까지 더해져 단순히 만드는 것뿐 아니라 생각이나 마음을 표현하는 법에 대해서도 관심을 많이 가졌다. 사진이나 그림, 글이나 노래 등으로 자신을 표현하는 사람들뿐 아니라 길가에 핀 꽃이나 집 앞 나무들까지 모든 존재는 자기만의 빛깔로 자신을 표현하고 있었다. 그걸 보고 싶어서 전시회나 공연을 많이 다녔고 특히 계절에 따라 바뀌는 풍경들을 마음에 많이 담았다. 그리고 힘든 시간을 내게 없던 비견의 기운으로 이웃, 친구들과 함께 잘 보낼 수 있었다. 사람의 소중함과 힘을 알게 된 시간이었다. 이번 경술 대운도 내가 가고자 하는 방향과 잘 어울려 쓸 수 있는 기운이겠다는 생각이 든다. 나에게 그저 편한 기운인 것은 아니지만 관성을 잘 쓰고 싶다는 나의 욕망은 나와 다른 사람들(겁재)을 많이 만날 수밖에 없는 환경이 된다는 뜻이고, 공부하기로 마음을 먹었는데 정인 대운이 들어오다니, 이건 정말 나의 의지에 박수를 쳐 주는 기운 아닌가. 경술 대운으로 바뀌면 내 원국과 함께 어떤 삶을 걸어갈지 기대된다. 지루한 건 딱 질색인데 시시각각 다가오는 기운이 달라지니 더 좋다. 그동안은 남이 운전해 주는 길을 따라갔다면 이제 인생의 운전대를 내가 꼭 쥐고 갈 테다.

누드 글쓰기를 하면서…

베짱이도서관에 다닌 지 12년째. 거의 모든 책모임에 함께했지만 『동의보감』 책모임을 할 때는 책이 눈에 들어오지 않아서 참여하지 않았다. 딱히 아픈 곳이 없어서였기도 했지만 마음이 산만해서 쉬고 싶다는 생각뿐이었다. 베짱이 박소영은 『동의보감』이 끝나고 나서도 그 주제에서 떠나지 못하고 맴맴 도는 느낌이었다. 그러더니 고미숙 선생님을 모시게 되었다며 책모임 카톡방에 기쁜 소식을 알렸다.

'누구시길래 사람들이 이렇게 놀라고 흥분하지?' 베짱이만이 아니었다. 몰랐는데 우리 책모임 멤버 중에는 그 분의 사생팬도 있었다. 베짱이도서관의 고정 스태프인 나로서는 누군지도 모른 채 행사를 준비할 수는 없었기 때문에 사생팬이 침 튀기며 하는 얘기도 듣고 선생님의 책도 읽어 보고 동영상도 찾아봤다. 행사 전날 설레어 잠도 잘 못 잔 베짱이와 달리 덤덤히 행사 준비를 하고 스태프의 자세로 고미숙 선생님의 이야기를 듣던 나는 어느새 하트가 되어 있는 나의 눈동자를 느꼈다.

오행 중 화火가 많아서인지 나는 무언가에 반하면 빠르게 나의 모든 세포를 열고 그 존재를 받아들인다. '이렇게 어려운 걸 이렇게나 재미나게 얘기해 주시다니! 시크함 속의 따스함은 또 어떻고!' 특히나 재미있는 사람을 좋아하는 나는 선생님의 토크에 완전히 빠져 버렸다. 웃느라 중요한 얘기를 놓친 게 많지만 북토크가 끝나고 나는 이전과 달라졌다. 어렵기도 하고 너무 먼 세계라며 전혀 관심을 보이지 않았던 사주명리, 『동의보감』은 물론, 더 나아가 불교까지도 해야 할 공부로 스스로 생각하고 있었던 것이다. 그렇게 인연이 된 〈감이당〉의 보경 & 지영 선생님의 왕초보명리 수업을 듣고 세 페이지 누드 글쓰기를 하면서 미각까지 잃었지만 그 끈을 놓지 않고 주란 선생님과의 누드 글쓰기를 거쳐 『동의보감』을 향해 가고 있다. 내게는 관심 없던 먼 세계가 이제는 가 보고 싶은 궁금한 세계가 되었다.

처음 왕초보명리 수업을 듣고 세 페이지 누드 글쓰기를 하면서 나는 다루고 싶지 않은 주제를 다루고는 심장에 무리가 오고 맛이 느껴지지 않는 경험까지 했었다. 생각해 보니 짤막

한 글 안에 그 사람에 대한 분노와 나를 힘들게 했던 그의 만행을 나열하고, 내가 그렇게 살 수밖에 없었던 이유를 내가 아닌 그에게서만 찾았다. 그러니 몸이 아플 수밖에. 다시 누드 글쓰기를 시작하고 그 글을 읽었을 때는 이렇게까지 내가 힘들었다는 걸, 그가 나쁜 사람이라는 걸 말하고 싶었나 하는 생각에 피식 웃음이 났다. 그러고는 내가 왜 그렇게 피해자 모드로 살았나를 생각해 봤다. 물론 그가 내게 했던 폭력적인 말과 행동에 대한 생각은 그때와 변함이 없다. 하지만 거기엔 어린 내가 있었다. '나를 인정하고 존중해 줬으면 좋겠어'라는 말을 하고 싶었는데 잘 전달할 줄을 몰랐다. 그저 그렇게 하지 않는 상대를 원망하고 질책하고 그래도 내가 원하는 대로 되지 않자 포기한 채 우울한 날을 보냈다. 갈등 해결의 미숙함은 어린 시절 잦은 이사의 영향이 있겠다는 것도 누드 글쓰기를 하면서 알게 되었다. 갈등을 피하기만 했지 해결하려고 노력한 적이 별로 없었다. 그런 나를 이해하고 나니 더 이상 그를 주제로 글을 써도 가슴이 조이지 않았다.

    누드 글쓰기를 통해 다른 사람의 인정으로 내 존재감을 느껴 왔다는 사실을 알았고 이제는 그러고 싶지 않다는 것을 확인했다. 나를 이해하고 나니 관계에 조금 더 유연해진 것 같다. 사람과의 갈등이 힘들었는데 원인을 알고 나니 거기에 덜 휩쓸리고 갈등 상황을 대하는 마음도 달라졌다. 지금 내 직장에는 매일 정해지지 않은 사람들이 오고 간다. 그중에는 소리를 지르거나 무리한 요구를 하는 일명 '진상 고객'도 있다. 당황할 때도 있지만 그 사람 때문에 힘들거나 괴롭지는 않다. 오히려 이곳은 내 관성의 장이라고 생각하니 더 잘 풀어 가고 싶다는 생각이 든다. 왜 화를 내는지 잘 들어 보고 내가 해결할 수 있는 방법을 찾아본다. 다른 사람과 대화할 때 눈을 바라보는 습관은 이럴 때 큰 도움이 된다. 내가 당신의 이야기를 경청하고 있다는 뜻이기도 하고 해결하려는 의지가 있다는 것을 눈으로 얘기하며 듣는다. 그래서인지 대부분은 잘 해결되는 편이다. 몇 년 전 빵집을 할 때 고객의 요구로 설탕의 양을 10%로 줄여 케이크를 만든 적이 있었는데, 세상에 이런 맛없는 케이크는 처음이라며 너무나 실망했다는 전화를 받았다. 그날 나는 펑펑 울었다. 내 존재 자체가 무시당한 기분이었다. 나름대로 내 케이크에 대한 자부심이 있었는데도 그 한마디에 무너졌고 다음 케이크를 주문받았을 때 어떤 피드백을 받게 될지 두렵기도 했다. 지금이라면 일과 내 존재를 분리해서 대응했을 텐데, 하는 생각과 함께 그때와 지금의 내가 다르다는 걸 깨달았다. 사주명리를 공부하고 누드 글쓰기를 하는 동안 오래된 습관, 욕망을 들여다보며 나에 대한 이해가 생겼기에 기억과 감정에도 변화가 찾아온 것이다.

누드 글쓰기는 위기에 있던 나를 구하기도 했다. 재성 파트를 정리하면서 글과 마음이 다르게 가고 있다는 것을 알았다. 스스로 돈 관리를 잘 못하는 사람이라고 생각하고 나니 마음의 방향은 돈을 더 버는 쪽으로만 향했다. 생각보다는 몸으로 경험하고 나야 '아!' 하고 깨닫는 편이기 때문에 글쓰기와의 인연이 아니었다면 이번에도 일단 돈을 더 버는 방향으로 선택했을 것이다. 다행히도 때마침 이 중요한 시기에 누드 글쓰기를 했기 때문에 내가 쓴 글을 계속 들여다봐야만 했었고 내 생각을 확인할 수 있었다. 나와 아이들을 소외하지 않고 삶을 이어가는 방법을 고민했고 절충안을 찾았다. 재성을 잘 다듬어 써야겠다는 의지가 생긴 것도 큰 수확이다.

글쓰기를 하면서 소소한 깨달음이 생길 때마다 "우와, 신기하네!" 감탄사를 연발했다. 이 작은 발견 하나하나가 글쓰기를 포기하지 않고 계속 이어 갈 수 있는 원동력이 되어 주었다. 학교 숙제 외에는 글쓰기를 해본 적 없는 내가 '아, 정말 더는 못 쓰겠다'는 마음이 들 즈음 하나씩 던져 주는 알사탕 같았다. 가장 큰 힘은 주란·보경·지영 선생님, 베짱이와 함께였다는 것. 함께하면 더 쉽고 즐거울 수 있다는 걸 또 느낀다. 쓰는 만큼 자유로움을 느끼고 자유로워지는 만큼 세상이 넓어지는 누드 글쓰기를 번뇌로부터 탈출하고 싶은 많은 사람들이 경험하시면 좋겠다.

'나' 중심에서 '세상' 중심으로

김지영

시	일	월	연
癸	戊	壬	辛
亥	辰	辰	未

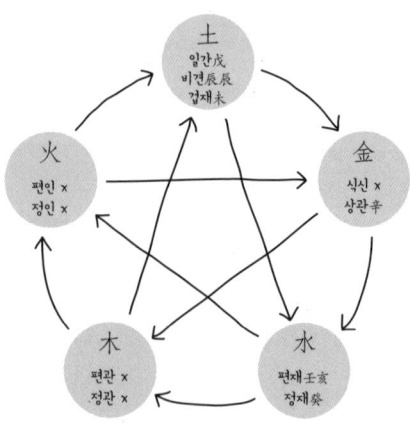

무토, 황무지가 만든 강한 생명력

내가 태어나던 날, 엄마는 혼자였다. 아빠는 딸이란 소식을 듣고서 병원을 뛰쳐 나가 술을 진탕 마셨다고 한다. 삼대 독자였던 아빠는 아들을 원했다고 한다. 하지만 아빠가 별로 섭섭해 할 것이 없는 게 나는 어렸을 때 장군감이란 소리를 듣고 자랐다. 아기들의 성별은 구분하기가 어렵다고들 하지만 유독 나는 이목구비가 남자아이 같았다(물론 지금도 그렇다). 영아기를 지나 어느 정도 성별이 구분이 되는 3~5살에도 엄마랑 마을버스를 타면 버스기사님이 이렇게 말했단다. "어이구, 장군이 탔네. 장군감이네!" 그럼 내가 이렇게 대답했다고 한다. "아니에요! 저 여자예요!" 어릴 때부터 당시 여자아이들치고 부모님께 별다른 애교도 없었다고 한다. 명리를 공부하고 나서야 '그냥 그런가 보다' 하고 넘어갔던 나의 성향이 사주명리와 상관성이 있다는 것을 알게 됐다. 심지어 아기의 이목구비에도 운명이 반영될 수 있다니!

사주명리학은 사람이 태어난 연월일시로 네 개의 기둥을 세우고, 기둥을 다시 천간과 지지로 나누어 여덟 개의 자리를 만든다. 여덟 개의 자리에는 탯줄이 잘리고 첫 숨을 들이마셨을 때의 천지의 기운이 박힌다. 그것을 여덟 개의 간지로 표현하고, '팔자'八字라고 부른다. 우리가 흔히 말하는 '팔자가 사납다', '팔자가 좋네'로 표현하는 그 팔자가 맞다. 이 여덟 글자 중에서 '일간'의 자리에 위치한 기호는 그 사람의 주된 분위기를 형성하는 주인의 역할을 한다. 나의 일간은 '무토'이다. 무토는 목, 화, 토, 금, 수 중에서 '토'에 해당하는 글자다. 열 개의 천간 중에서 딱 중간에 위치한 일간이다. 중앙에서 이곳과 저곳을 매개하고 아우르는 이미지를 갖고 있다. 또한 땅이기 때문에 만물을 포용하는 힘을 지니고 있다. 만물을 매개하고 포괄하는 이미지, 특히 토 중에서도 양의 기운인 무토는 거칠고 광대한 땅이다.

무토를 상징하는 이미지는 황무지, 황야다. 비옥하지 않은 척박한 땅이면서 광활한 사이즈다. 드넓은 사이즈의 열악한 땅에서 살아내야 하는 만큼 생명력이 강인하다. 우리 가족은 내가 초등학교 5학년이 되기 전까지는 단칸방에 살았다. 그러다 반지하에 방 두 개가 있는 곳으로 이사를 갔는데, 20대 후

반까지 반지하에서 세 식구가 살았다. 가난을 기쁘게 받아들인 것은 아니지만 큰 결핍감으로 남지는 않았다. 비슷하게 가난한 환경에서 컸던 다른 친구들을 보면, 다시는 가난해지고 싶지 않아서 돈을 열심히 벌고 돈에 대한 욕망도 크다. 나 역시 돈에 대한 욕망은 있지만, 나를 해쳐 가면서까지 돈을 벌고 싶은 마음은 없다. 무토가 곧 황무지이기 때문에 거친 환경에 있으면서도 척박함을 스스로 인지하지 못하는 경우도 있다. 남들과 같은 고난을 겪더라도 더 무디게 받아들인다. 열악함에 익숙하다고나 할까.

청소년 시절에 가난보다 나에게 더 큰 험난함은 부모님의 불화였다. 아버지는 매일 술에 의존했고, 취할 때마다 폭언과 폭행이 이어졌다. 하지만 엄마 역시 무작정 당하는 존재는 아니었다. 엄마는 아빠의 술주정에 술로 맞섰다! 술에는 술, 폭언에는 폭언으로 맞섰지만 힘으로 밀렸을 뿐이었다. 격투기장을 방불케 하는 집은 밤마다 긴장과 불안의 연속이었다. 고통스러웠지만 비슷한 환경의 다른 친구들에 비해 엄청난 고통과 괴로움을 느끼진 않았다. 나를 챙길 사람은 나밖에 없다는 것을 좀 더 빨리 깨달았을 뿐. 척박한 땅을 개척하는 생명력이 발휘되었던 것은 아닐까. 어떤 싸움이 일어날지 예측하기 어려운 일상 속에서 생존력은 점점 커져 갔다. 고등학생이 되면서부터는 신체적으로, 정신적으로 성장하면서 아빠가 예전만큼 무섭지 않았다. 아빠라는 존재는 그저 나의 일상을 불안정하게 하는 다소 해로운 사람일 뿐이었다. 어느샌가 아빠를 철저히 무시하고 있었다.

불우한 환경에서 자란 아이들은 어릴 때부터 삐뚤어질 거라고 생각하는 경우가 있다. 드라마나 영화에서도 범죄자들의 어린 시절을 험악하게 그려 내곤 한다. 나는 어렸을 때부터 그런 시선이 매우 불편했다. 아빠는 아빠고, 나는 나일 뿐인데…. 나는 '나'를 지키기 위해서 삐뚤어질 수 없었다. 아빠를 반면교사 삼은 덕에 누군가를 괴롭히고, 힘으로 제압하는 것이 얼마나 멋없고 못난 짓인지 알았기 때문이다.

큰 싸움이 자주 일어나는 우리 집은 동네에서도 꽤나 유명했다. 동네가 떠나가도록 휘황찬란하게 싸우곤 해서 이웃들이 말리러 오기도 했다. 이런 혹독한 가정 환경을 일찍부터 경험하니 나는 인생을 살아가는 것이 녹록지 않다는 것을 진즉에 깨달았다. 동시에 독립심도 커져 갔다. 가족이라는 좁은 울타리에서 일찌감치 벗어나 나의 관계는 친구와 선생님들을 향해 사방팔방으로 뻗어 나갔다.

태어나면서부터 처한 가정 환경을 사주명리만으로 재단하기 어려울 수 있다. 하지만 성인이 된 이후 자립한 상태에서도 "황량하고 위험한 대지를 모험하려는 시도"(안도균, 『운명의 해석, 사주명리』, 162쪽)를 아무렇지 않게 하곤 했다. 9년 동안 이직을 일곱 번 했는데, 그것도 같은 업종이 아닌 매번 다른 일 방식을 배워야 하는 다른 업종의 회사로 옮겨서 처음부터 일을 다시 배워야만 했다. 영화관에서 교육업계로, 교육업계에서 동물병원으로, 동물병원에서 IT 스타트업으로, IT 스타트업에서 인문학 공부공동체로. 내가 직업을 바꿀 때마다 주변에서는 커리어가 걱정되지 않냐며 나보다 더 걱정을 많이 했다. 정작 나는 "No problem"이었다. 어떤 환경에서든 일단 적응은 잘할 수 있다는 근거 없는 자신감이 있었기 때문이다. 그리고 나의 시도를 위험하게 보는 주변의 시선이 크게 신경 쓰이지도 않았다. 누군가가 다시 심사숙고하라는 조언을 해주면 웃으면서 알겠다고, 조언해 줘서 고맙다고 말하지만 한 귀로 흘리는 경우가 부지기수였다.

그런데 마지막 회사를 관둘 때는 기존과 달리 오랜 시간 고민했다. 이제 단순히 회사를 옮기는 차원의 문제가 아니었다. 앞으로 '어떻게 살 것인가'라는 질문이 화두로 떠오른 것이다. 마지막 회사를 다니면서 나는 주말마다 〈감이당〉이라는 인문의역학 공부공동체에서 온라인 수업을 듣고 있었다. 〈감이당〉은 노동을 하지 않고서도 공부로 자립하여 살아가는 백수들의 공동체였다. 나는 공부로 일상을 살아가는 그들의 삶이 선하고 멋있어 보였다. 그래서 더 나이 들기 전에 그 삶을 경험해 보고 싶었다. 하지만 쉽사리 당시 회사에서 주는 높은 연봉을 포기하기 어려웠다. 처음 느껴 보는 경제적 안정감이 인생에서 다시 올 것 같지 않았다. 2년간 고민하다가 결국 "황무지를 건너고 다른 세계를 체험하고 싶은 무의식적 욕망"(앞의 책, 162쪽)

에 힘을 실어 주기로 했다. 그렇게 나는 삶의 방향성을 공부로 돌리면서 간신히 얻은 경제적 안정감을 버리고 다시 거친 환경 속으로 뛰어들었다.

거친 환경을 살아가는 데 필요한 '생명력'은 '생존 기술'에 대한 욕망으로 이어지기도 했다. 언제 다시 열악해질지 모르니 언제 어디서든 살아갈 수 있는 실질적인 기술을 갖고 싶었다. 빵을 굽든, 머리를 손질하든, 노래를 하든, 운동을 하든, 전문 자격증을 가지든. 분야는 상관이 없었다. 돈을 적게 벌어도 상관이 없었다. 그저 하루 벌어 하루 먹고 살아도 즐겁게 할 수 있는 기술이 생기길 바랐다. 그런데 애석하게도 나는 예체능적 소질은 타고나지 못했고, 자격증 공부는 더더욱 쥐약이었다. 그저 〈생활의 달인〉에 나오는 일상 속 달인들을 보며 경외심만 키워갔고, 그에 비해 아무 기술도 없이 나이 드는 나에 대해 불안해 했다.

회사를 관두고 공부공동체에 접속할 수 있었던 이유 중에 하나는 공부가 나의 생존 기술이 될 수 있다는 희망에서였다. 기존의 자격증 공부와는 달리 인문학 공부는 삶과 동떨어지지 않았다. 특히나 인생에서 힘든 일을 겪을 때 가장 빛을 발했다. 이것만큼 나의 생존에 직접적인 영향을 주는 것이 어디 있을까. 무엇보다 이 공부로 경제적인 자립까지 할 수 있다고 생각하니 공부를 안 할 이유가 없었다. 누군가에게는 나의 결정들이 무모해 보일 것이다. 일률적이지 않은 엉망진창의 커리어를 쌓았고, 갑자기 생뚱맞게 공부하는 삶을 살고 있으니 말이다. 하지만 사주명리를 공부해 보니 알겠다. 황무지를 건너고 다시 다른 세계를 체험하려는 신체성이 결국 '나'였다는 것을 말이다. 척박하고 낯선 환경들이 나를 살리고 키워 냈다.

처음 사주명리를 배웠을 때, 무토 일간의 이미지와 특징을 배우고선 여간 실망한 게 아니었다. 포용하고 매개하는 것은 누구나 할 수 있는 일이고, 새로운 세계에 대한 도전은 나를 키우기도 하지만 그만큼 힘들고 녹록지 않기 때문이다. 그런데 사주명리학은 내가 단점으로 여긴 것들이 어떻게 장점으로 발휘되는지 다시 해석해 볼 수 있게 도와줬다. 또한 거칠고 혹독한 것은 안 좋은 것이고, 부드럽고 비옥한 것만이 좋은 삶이라고 생각했던 것에서 벗어나게 해주었다. 결코 좋은 팔자와 나쁜 팔자는 없다. 나의 운명의 코드를 어떻게 해석하느냐에 따라 과거의 경험과 지금의 '나'는 언제든지 달라질 수 있다. 그리고 해석이 달라지는 대로 존재는 새로 태어나게 된다.

비겁 과다, 친구는 나의 힘!

나는 일간 무토 외에도 다른 자리에 토가 세 개나 더 있다. 사주명리학에서는 자신의 일간을 중심으로 오행을 배치시켜 나와 연결된 친족, 사회적 관계를 나타낸다. 그것을 '육친'이라 칭한다. 육친 중 일간과 같은 오행을 '비겁'이라고 하는데, 비겁의 육친 관계로는 형제·자매, 친구, 동료, 선후배 등이 있다. 즉 나와 수평적인 위치에 있으며 어깨를 나란히 하는 관계들이다.

나는 비겁이 세 개나 있으니 태과한 형태라고 볼 수 있다. 비겁이 많아서 형제나 자매가 있을 것 같지만, 외동이다. 대신 나의 비겁은 모두 친구 관계로 확장되었다. 어릴 때부터 내 주변엔 항상 친구들이 많았다. 친구들을 두루 사귈 수 있었던 것은 땅의 포용력과도 연결될 수 있다. 상대가 내성적이거나 활달하거나, 공부에 관심이 있거나 없거나 상관없이 나는 다양한 성향의 사람들과 친구가 되는 데 어려움이 없었다.

비겁은 일간(나)과 오행이 같은 또 다른 '나'이기에 나의 영역을 확대하고자 하는 욕망으로 발현되기도 한다. 나는 친구들을 통해 나의 영역과 존재의 가치를 확인하기도 했다. 친구가 없는 상상은 해본 적이 없다. 친구가 없다는 것은 마치 삶을 잘못 살아왔다는 증명처럼 느껴졌다고나 할까. 학창 시절에는 반이 바뀔 때마다 새로운 단짝 친구들을 사귀었다. 환경이 바뀌면 자연스레 함께 노는 친구가 달라지기 마련이다. 나 역시 그러했는데, 기존에 사귀었던 친구들이 서운해한 적이 종종 있었다. 기존 친구들을 깨끗이 잊은 것처럼 새로운 환경에서 새로운 사람들과 노는 데 집중했기 때문이다. 예를 들어, 대학교에 올라가더라도 고등학교 친구들을 가끔 볼 법도 한데 대학교 친구들과 노는 데 여념이 없었다. 고등학교 친구들은 무척 섭섭해 했고, 그렇게 인연이 끊긴 친구들도 많다. 이것은 일간 무토의 영향도 있으리라. 무토의 거친 황야는 무심하고, 거칠다. 비옥하게 땅을 관리할 수 없다. 알뜰살뜰하게 친구들을 세심히 살피지 못한다. 다만 지금 내가 서 있는 땅을 개간하며 살기 위해 최선을 다할 뿐이다. 그래서 사적 대인관계의 영역이 크게 확장된 편은 아니다.

친구가 중요했던 만큼 친구에게 받는 영향도 컸다. 어떤 친구와의 조건 속에서는 존재가 확 바뀌는 경우도 있었다. 열두 살에 처음으로 공부하는 학원을 다녔다. 공부에 관심도 없었지만 친구들이 학원에 가니 친구들과 더 놀고 싶어서 따라가게 됐다. 가서도 공부는 안 하고 친구들이랑 놀기만 했던 것 같다. 그때 어떤 한 남자 친구가 나에게 보낸 이메일은 이러했다. "야! 김지영! 너 점수 엉망이야. 그 점수 받은 애 너밖에 없어!"

중학교 입학 후에도 공부는 내 관심 밖이었다. 엄마는 어차피 내가 인문계 고등학교를 못 갈 테니 기술을 배워서 공장을 들어가라고 했다. 공부는 내게 너무 먼 영역이었다. 그러다 중학교 2학년에 올라갔을 때 당시 전교 1등인 친구와 짝꿍이 됐다. 그 친구는 성격도 좋아서 반에서 누구와도 허물없이 잘 지냈다. 짝꿍이 공부하는 모습을 보면서 자연스레 나도 공부에 마음이 가기 시작했다. 친구에 대한 존경심과 더불어 나도 좀 더 멋진 사람이 되고 싶었던 것 같다. 그 친구와의 관계 속에서 공부에 대한 흥미가 조금씩 싹트기 시작했다. 성적이 워낙 낮았기에 조금만 공부해도 성적이 많이 올랐다. 그때부터 성적

오르는 재미에 빠져 본격적으로 공부에 욕심을 내기 시작했다. 그런데 워낙 친구들과 노는 걸 좋아했기 때문에 공부하면서도 친구들과 노는 걸 포기하지 못했다. 하지만 성적이 오를수록 주변 친구들도 공부를 잘하는 친구들로 조금씩 바뀌기 시작했다. 공부 안 하던 시절에 놀았던 친구들에게 마음이 자연스레 멀어지면서 나의 환경과 관계는 점점 공부로 채워지고 있었다. 물론 토의 특성상 기존에 맺던 관계를 칼같이 단절하지는 않는다. 땅에 경계가 어디 있으랴. 기존에 친했던 친구들과 깊이는 얕아졌지만 여전히 잘 지냈다.

고등학생이 되어 본격적으로 수능 공부를 하게 됐을 때도 힘들었지만, 친구들과 장난치는 매일매일이 즐거웠다. 워낙 내가 크게 웃고 리액션이 좋으니까 주변에는 유머러스한 친구들이 많았다. 털털하고 재밌는 여자 친구들뿐만 아니라 과하다 싶을 만큼 장난기 많고 유쾌한 남자 친구들도 많았다. 대체로 여자 친구들은 짓궂은 남자 애들을 피하거나 멀리했지만 포용의 토 기운이 강한 나는 거부감이 없었다. 오히려 그 친구들이 맑고 나름 순수하게 느껴지기도 했다.

집에서는 웃을 일이 없었는데, 학교만 가면 나를 즐겁게 해주는 친구들이 많았다. 그래서 내겐 친구들이 더욱 소중했다. 비겁이 강하다는 것은 나의 일간과 똑같은 오행이 많다는 것이기 때문에 자신의 세력이 강하다고 볼 수 있다. 나는 '나의 세력'을 친구로 확장시킨 케이스다. 토 기운으로 다양한 성격의 사람들을 포용할 수 있으니 친구가 많았고, 많은 친구들 덕분에 황무지가 웃음으로 가득 찰 수 있었다.

항상 주위에 친구가 많았기에, 대학 입학 초기에는 친구가 없어서 당황스러웠다. 신입생 오리엔테이션 때 같은 조였던 친구들과 자연스레 붙어 다닐 수는 있었지만, 학교에서 점심을 같이 먹는 관계, 딱 그 정도 사이였다. 기존에는 노력하지 않아도 친구들이 늘 곁에 있었는데, 대학교라는 새로운 환경에서는 친구를 어떻게 사귀어야 할지 몰라서 막막하기만 했다. 한 달도 채 안 되는 시간이었음에도 이대로 친구 없이 학교를 다니게 되진 않을까 마음을 졸였다. 그러다 학과 선후배들이 다 함께 모이는 술자리가 생겼다. 친해질 자리가 없어서 그랬던 거지 술자리에서 금방 동기, 선배들과 친해질 수 있었다. 이후로 얼마나 마음이 편안해졌는지 모른다. 그날 이후 선배, 동기들과 가까워지면서 대학교 캠퍼스 생활에 흠뻑 빠져들게 되었다.

나의 사적 대인관계는 온라인으로도 뻗어 갔다. 초등학생 시절 '프리챌'이라는 온라인 커뮤니티가 유행했다. 지금의 블로그 같은 거다. 나는 혼자서 나만의 프리챌 커뮤니티를 운영하고 있었는데, 방문자가 굉장히 많았다. 방문자 수가 많을수록 존재가 고양되는(?) 느낌을 얻곤 했다. 사적 영역을 확대하고 싶은 욕망이 온라인에서도 발현된 것이다.

온라인에서 나만의 공간을 마련해 나를 소개하고, 보여 주는 것이 무척이나 즐거웠다. 온라인 친구들을 만들고, 그들이 내 블로그에 많이 방문할수록 신이 났다. 누가 시키거나 알려 주지도 않았지만 능동적으로 해온 나만의 즐거운 취미였다. 열두 살 아이가 혼자서 운영하는 커뮤니티가 당시 예쁜 친구들이 모여서 만든 커뮤니티보다 방문자도 많고 활성화되어 있었다. 그래서 그 친구들이 나를 본인들의 무리에 끼워 줄 테니 자신들의 커뮤니티를 관리해 달라고 제안했다. 그러나 혼자만의 커뮤니티를 운영할 때보다 재밌진 않았다. 이것은 관성이 없던 나의 성향과도 통하리라. 누군가 시키거나 나를 견제하는 기운 속에서는 똑같은 일을 하더라도 재미가 없었다. 또한 혼자 했을 때에는 방문자 수가 많다는 것이 뿌듯했지만, 나와 딱히 친한 친구도 아닌 관계들과 공동운영하는 커뮤니티는 방문자 수가 많아도 기쁘지 않았다. 나를 보러 온 친구들로 느껴지지 않았다. 나의 사적 영역을 확대하는 것이 아닌 조직 속에서 하는 일은 내 일처럼 잘 느껴지지 않았던 것이다. 무엇보다 마치 일로 엮인 것 같은 관계는 친구처럼 느껴지지 않았다. 나에게 잘해 주었지만 무언의 서열이 있었기 때문이다.

    프리챌 이후에도 버디버디, 싸이월드, 페이스북 등 나를 소개하고 친구들과 소통하는 온라인 공간을 가꾸는 일은 학창 시절 내내 꾸준히 했다. 지금도 여전히 개인 홈페이지를 만들거나 유튜브를 만들고 싶은 욕망이 있다. 역시나 '개인' 온라인 공간을 꾸미는 일에는 진심이지만, 회사나 조직이 만든 커뮤니티를 관리하는 일에는 너무나 취약하다. 이것은 공동체의 일을 내 것처럼 여기는 감각이 부족한 것을 넘어선다. 감각 자체가 전혀 없다고 봐야 할 것이다.

비겁 과다, 좁은 장소에 적합한 신체

비겁은 '나의 영역'으로서 사적 대인관계로 발현되기에 그 범위가 넓지는 않다. 공적 대인관계, 예를 들어 회사나 공적인 공동체에서 만난 대인관계를 잘 맺어야 오히려 영역이 크게 확장될 수 있다. 비겁은 아무리 넓어도 비겁이다. 아무리 날고 기어도 익숙한 영역 안에 한정되어 있다. 사주명리학에서는 여덟 글자가 천간과 지지로 네 글자씩 나뉘어 있다. 천간은 하늘의 기운으로 사람의 욕망으로 해석하는 것이 보통이고, 지지는 땅이기 때문에 삶의 현장으로 해석한다. 물론 욕망이 현장을 만들고, 현장이 욕망을 만들기 때문에 이 둘은 칼로 자르듯 나뉘지는 않는다. 그런데 나는 비겁이 모두 지지에만 있다. 일지, 월지, 시지다. 특히 일지는 일간과 가깝고, 월지는 태어났을 당시의 절기를 담고 있기 때문에 운명에 큰 영향을 끼치는 자리로 본다. 나는 이 세 개가 모두 비겁, 즉 토$^\pm$로 이루어져 있다. 일지와 월지는 진토로 나란히 붙어 있고, 시지는 미토이다. 지지가 모두 비겁으로 이루어져 있는 점이 나에게는 규모가 작은 장소에서 신체가 편안함을 느끼도록 발현되었다.

실제로 나는 흔히 말하는 '집순이'다. 친구도 많고 활달한 성격이기에 집보다는 밖에서 친구들과 노는 것을 선호할 것 같지만, 침대에 누워서 아무것도 안 할 때 가장 행복함을 느낀다. 또한 이사를 가는 것을 좋아하지 않는다. 이미 익숙해지고 편안해진 장소에서 벗어나는 것을 선호하지 않는다. 실제로 여태까지 이사는 다섯 번도 채 안 했고, 한 집에서 오래 사는 것에 지루함을 느끼지도 않는다. 낯선 장소에 가서 다시 적응하는 것에 호기심보다는 부담감이 앞선다. 그래서 그런지 여행에 대한 욕망도 없었다. 집 근처에서 노는 것을 가장 좋아했다. 해외 여행도 3박 4일 정도로 짧게 두 번 다녀온 것이 전부였다. 그것도 내가 강하게 욕망하여 갔다기보다는 친한 친구들 덕분에 다녀올 수 있었다. 좁은 장소에 대한 선호는 회사 사무실 크기에서도 드러났다. 영화관에서 일을 할 때도 층수가 많고 큰 건물에 있는 곳보다는 스크린도 몇 개 없고 작은 평수의 영화관을 선호했다. 사무실이 클수록 신체가 적응하는 데 오랜 기간이 걸렸다. 큰 공간에 익숙해지고자 입사 초반에는 할 일이 없는데도 야근을 하고, 주말에도 출근하여 신체적으로 익숙해지고자 노력했다.

무토는 광활한 대륙, 큰 산의 이미지이기 때문에 신체적으로도 큰 범위의 영역을 선호할 것 같다. 맞다. 하지만 내게는 사유의 영역에 한정해서다. 공부하고 사유하는 영역은 광범위하다. 사주명리학을 처음 배웠을 때도, "이 좋은 공부를 전 세계 사람들이 알았으면 좋겠다!"는 마음이 앞섰던 것처럼 말이다.

비겁 과다+무관성의 콜라보, 세상의 중심은 '나'

"회사 또 옮겼어?" 회사원이었을 때 친구들이 내게 자주 했던 말이다. 엄마는 어느 시점부터인가 한 직장에 오래 다니라고 설득하기를 포기했다. 앞에서 언급한 것처럼, 9년 동안 일곱 개의 회사를 옮겨 다녔다. 십신에서 재성 다음 스텝이 '관성'이다. 관성은 일간을 극하는 위치에 있다. 나에게는 나를 극해 주는 기운, 관성이 없다. 극한다는 것은 '제어'하기도 하고 막거나 누르는 기운이기도 하다. 나를 통제하고 극하는 기운은 몹시 불편하고 회피하고 싶어진다. 관성을 조직운으로도 보는데, 그 이유는 나를 가장 극하면서도 제어해 줄 수 있는 것이 공동체, 조직이기 때문이다.

회사를 자주 옮겼던 것은 무관성으로서 불편함이나 어려움을 견디기 어려워했던 것도 있지만, 비겁이 강했던 이유도 한몫을 한다. 회사를 다니면서 조직이 힘들어서 관둔 적도 있지만 "이 일이 나를 진정으로 살리고 있는가? 일을 진심으로 하고 있는가? 일이 재밌나?"를 스스로에게 자주 묻고, 답을 찾지 못하면 나를 위한 일을 찾고자 회사를 떠난 경우도 많았다. 비겁은 세상의 중심이 본인에게 있기 때문에 이와 같은 질문을 하며 자신에 대한 탐구로 이어 가는 경우가 있다.

그러나 초점이 '나'에게 맞춰져 있고, '나'를 극하는 기운은 없으니 한계에 부딪히면 도망가거나 스스로 포기하게 되는 경우가 많았다. 사수와의 트러블이 심하거나, 육체적 강도가 너무 세거나, 더 이상 일에 대한 의미를 찾지 못하거나, 회사가 어려워져 원치 않은 직무를 맡아야 하거나 등등. 여러 이유로 포장되어 있지만 결국에는 "극하는 힘으로 나를 밀어붙이고, 거기서 나는 스스로 자기의 한계를 넘어갈 수 있는 기회"(안도균, 『운명의 해석, 사주명리』, 304쪽)를 자주 놓치곤 했다.

회사를 자주 관두고 옮겨 다녔지만 일을 했던 모든 회사에서의 공통된 큰 특징이 있다. 바로, 대표님들과 친하게 지냈다는 것이다. 일을 잘해서라기보다는 아마도 내가 대표들을 크게 어려워하지 않았기 때문이 아닌가 싶다. 그러니 대표들도 다른 직원들보다 나를 유독 편하게 여겼다. 물론 내가 실제로 대표를 동료처럼 편하게 생각한 건 아니지만, 다른 동료들처럼 크게 불편하거나 어렵지는 않았다. 그리고 나는 한 회사를 창업하여 많은 사람을 이끌어 가는 리더들을 늘 존경하기도 했고, 그들과 이야기하는 게 재밌기도 했다. 또한 대표가 지시한 일이 잘 이해되지 않으면 대표가 화장실을 가든 급하게 어딜 가든 일단 붙잡고 내가 이해한 게 맞는지 다시 물어보곤 했다. 아마 강한 비겁의 기운이 은연중에 대표도 동료처럼 생각하게 만들었던 것은 아닐까.

나는 리더들을 좋아했지만, 정작 내가 회사에서 가장 맡기 싫어했던 역할은 리더였다. 아랫사람에게 잘 시키지도 못했고, 잘 믿지도 못했다. 가장 힘들었던 것은 책임감이었다. 책임감이 커질수록 결과물에 대한 완벽성에 더 집착하기도 했다. 부하 직원들의 동료 평가에는 "점심은 챙겨 드시고 일을 하셨으면 좋겠다", "건강이 걱정된다" 등의 이야기가 있었다. 리더가 밥도 안 먹고 일을 하니 밑에 있는 사람들은 얼마나 부담되고 싫었을까. 말은 안 해도 자신들에게도 그만큼의 압박감을 주는 것이니 말이다. 이런 내 모습이 싫어서 리더 역할을 점점 꺼리게 되었다.

나처럼 비겁의 기운은 강한데 관성이 없으면 특히나 주변의 시선을 아랑곳하지 않는 행동을 할 수 있다. 주변에서 나를 어떻게 보든 내가 지금 하고 싶은 것이 늘 중심이 된다. 대학교에서는 남자 선배들이랑 친하게 지내니 여자 선배들이 "쟤는 억지로 웃는다", "일부러 리액션을 저렇게 한다"고 이야기했다고 한다. '아니! 웃겨서 웃는 건데 왜 그렇게 보는 거지?'라며 처음 전해 들었을 땐 좀 기분이 나빴지만 금방 잊고 내가 하고 싶은 대로 했다.

남들이 절대 관두지 말라고 했던 대기업이나 좋은 직장들을 관둘 수 있었던 것도 내가 지금 하고 싶은 것이 늘 중심이었기 때문이다. 남들의 시선은 내 선택에 있어서 중요하지 않았다. 그만큼 내 고집이 세서 남들의 이야기를 듣지 않고, 듣는 척 하다가도 내가 하고 싶은 대로 하곤 했다. 또한 남에게 큰 관심도 없다. 내가 생각했을 때 별것 아닌 고통이라는 생각이 들면 그 고통을 무시할 때도 있었고, 남들의 고민에 진심으로 공감해 본 적도 많이 없다. 뿐만 아니라, 나 외에는 관심도 없어서 조직에서 누가 기분이 안 좋고, 누가 누구와 싸웠고, 누가 누굴 좋아하고… 등등을 잘 알아채지 못했다. 꼭 누가 말해 줘야 "헉! 그랬구나!" 하고 뒤늦게 알았다.

결과를 추구하는 욕망, 재성

재성은 일간에게 극을 당하고, 식상의 생을 받는다. 식상은 '나'라는 좁은 영역에서 벗어나는 활동과 현장의 첫 스텝이자 '과정'이다. 그리고 그 활동의 결과물로 '결실'을 맺는 단계가 재성이라고 볼 수 있다. 나에게는 비겁 다음으로 많은 기운이 재성이다. 오행으로 따졌을 때 내 재성은 수水인데, 이것이 세 개나 있으니 재성 또한 태과한 형국이라고 볼 수 있다.

나에게 재성은 결과를 추구하는 욕망으로 드러나곤 했다. 공부에 관심이 없던 학창 시절에 공부에 재미를 붙일 수 있었던 이유는 노력한 만큼 성적으로 결과가 드러났기 때문이다. 딱히 머리가 좋은 편은 아니었음에도 성적을 잘 받고 싶어서 책상에 붙어 있곤 했다. 최종 학점이 좋아서 대학은 조기 졸업을 할 수 있었고, 회사에서는 맡은 일만큼은 확실히 매듭짓는 편이었다.

재성 중에서도 수 재성은 다른 재성과는 다른 특징을 지니고 있다. 흐르는 물이라는 물상답게 유동적이고 변화무쌍하며 유연하다. 회사에서 맡은 업무들은 대부분 고객과 상담하며 주요한 피드백을 회사에 공유하는 것이었다. 고객의 목소리를 회사에 전달하며 회사와 고객의 가교 역할을 했다. 매일 수많은 고객을 만나는 일인 만큼 업무는 늘 스펙터클했다. 하지만 상황에 따라 유연하게 고객을 응대할 수 있었다. 사실 나는 고객을 응대하는 일이 크게 대단한 능력이라고 생각하지 않았다. 누구나 할 수 있는 일이라고 여겨 왔다. 하지만 내가 이 일을 쉽게 할 수 있었던 것은 수 재성의 유연성이 발휘되었기 때문이며, 토 기운도 강하기 때문에 고객과 회사를 매개하는 역할을 수월하게 할 수 있었던 것이다.

인문학 공부를 하는 지금은 '과정'을 충분히 밟지 않고 '결과'를 내려는 욕망이 공부에 방해될 때가 있다. 인문학 공부는 학교처럼 성적이 나오지 않는다. 그리고 글을 쓰는 '과정'을 충분히 밟아야 한 편의 짧은 글이라도 쓸 수 있다. 나에게 식상 기운이 없진 않지만, 재성의 기운이 강하여 식상을 건너뛰고 결과물로 돌진하곤 한다. 과정을 즐기지 못하고 수동적인 태도로 임하니 결과물은 모범 답안에 지나지 않게 되는 경우가 많다.

누드 글쓰기를 하기 전, 나의 명식을 처음으로 접하여 스스로 해석했을 때, 재성은 나에게 일복으로만 다가왔다. '그래, 맞아. 나는 일이 늘 많지. 정말 싫다'로만 재성을 해석했다. 재성을 '결과에 대한 욕망'으로 해석하게 된 계기는 누드 글쓰기를 하면서이다. 신기하다. 동일한 여덟 글자를 가지고서 내가 밟고 있는 시공간에 따라 매번 다르게 해석하는 것이. 사주명리가 재미있는 이유는 여덟 개의 코드를 가지고 나의 삶을 하나로 단정 짓는 것이 아니라, 무궁무진한 해석의 가능성을 열어 간다는 것이다. 나의 운명은 단 하나로 결정되어 있지 않을뿐더러, 과거 역시 현재로 인해 매번 다양하게 창조될 수 있다.

비겁(나)은 재성(아버지)을 극한다

사주명리학에서 재성의 육친 관계는 '아버지'이다. 재성이 많은 것을 아버지와의 관계에 붙였을 때 어떻게 해석할 수 있을까? 태과한 재성은 아버지와의 인연이 강하다고 볼 수 있다. 그럼 인연이 강하다는 것은 어떤 의미일까? 아버지와 사이가 좋아도, 갈등이 심하더라도, 일찍 돌아가셔도 모두 인연이 강하다고 볼 수 있다. 실제로 내 삶에서 아버지는 큰 영향을 미쳤다.

　　아버지와 나는 언제나 감정적으로든 물질적으로든 거리감이 있었다. 수의 계절적 상징이 겨울인 만큼 차가운 성질을 지니고 있다. 또한 물이기 때문에 한없이 가라앉을 수 있으며 이는 우울과 무거움으로 발현될 수도 있다. 일생 동안 아버지와 함께 만든 기억들은 온통 차갑고 우울하다. 아버지에 대한 감정들은 쌓이고 뭉쳐서 마치 웅덩이에 고인 물처럼 썩어 버렸다. 엄마와 이혼 후 몇 년이 흐른 지금까지도 나는 아버지를 뵌 적이 없다. 간혹 문자를 나눌 뿐이다. 나는 아버지와 가까워질 필요를 느끼지 못했기에 거리감이 좁혀질 수 없었다.

인생 전반을 거쳐 아버지는 늘 파도치는 바다처럼 유동성이 강한 삶을 살았다. 너무나도 어린 나이에 부모님을 모두 잃었고, 누나 중에 한 명은 어떤 집의 심부름꾼으로 들어가 살면서 헤어지게 됐다고 한다. 초등학교조차 졸업하지 못하고 길 위를 전전하며 살았다. 그러다 우연히 지금의 엄마를 만나 나를 낳고 가장의 역할을 다하려고 노력했으나 쉽지 않았던 것 같다. 직장을 자주 관두셔서 혼자 군고구마 장수도 해봤지만 돈을 버는 일과는 인연이 닿지 않으셨다. 엄마가 식당을 다니며 조금 모은 돈도 아버지가 개인 사업을 시도하면서 모두 날리게 되어 우리 집은 늘 빚에 허덕였다. 굴곡진 삶을 살며 한평생 경제적으로 불안정한 삶을 살아가는 아버지가 안쓰럽다. 하지만 다시 가깝게 지내고 싶지는 않다. 아버지와의 관계를 사주명리학적으로 다시 재해석해 볼 수는 없을까?

사주명리학에서는 비겁(나)이 재성(아버지)을 극한다. 아버지(재성)가 나(비겁)를 극하면 극하지, 내가 아버지를 극한다고? 이 부분은 내가 처음에 사주명리를 엉터리라고 치부했던 이유기도 하다. 나는 아빠를 극하는 존재가 아닌데, 나를 힘들게 하고 괴롭히는 사람은 언제나 아버지인데…. 이를 어떻게 바라봐야 하는 걸까?

흔히 '생'한다고 하면 어쩐지 나를 도와주는 기운 같아서 좋을 것 같고, '극'한다고 하면 부정적으로 들린다. 사주명리학은 자연의 섭리를 바탕으로 하기 때문에 좋고 나쁨이 없다. 자연에서는 무엇이 좋고 나쁜지를 판단할 수 없기 때문이다. 상생도 극이 있어야 가능하다. 그렇다면 '극'을 한다는 것을 어떻게 해석해 볼 수 있을까? 극한다는 것은 상대를 제어하거나 기운을 억제한다고 볼 수 있다. 혹은 '나'의 기운이 재성으로 많이 쏠린다는 것으로도 확장해 볼 수 있다. 더 넓게 보면 내가 갈구하고, 취한다는 의미도 가지고 있으며 내가 관리하거나 나의 영향권 안에 둔다고도 볼 수 있다.

나는 아버지를 무시하거나 저항하는 기질로써 아버지를 극하고 있었다. 나는 재성이 강한 편이지만 재성보다 비겁이 훨씬 강하다. 세상의 중심에 '나'가 서 있기에 남에게 지배당하고 싶어 하지 않는다. 비겁이 강하니까 아버지의 지배에 저항하는 힘 또한 강하다. 실제로 아빠가 폭력성을 드러내면 가장 날카로운 말로 더 심하게 아빠를 찔렀고, 같은 공간에 있으면서도 투명 인간처럼 취급하기도 했다.

나는 언제나 아버지로부터 벗어나고 싶었다. 가족의 해체는 유치원 시절부터 내가 강력히 바라던 소원이었다. 그래서 부모님의 이혼을 성사시킨 것 또한 나 자신이었다. 주변에 어른도 없고 이혼한 사람도 없었기에 인터넷을 열심히 찾았지만 두루뭉술한 정보들뿐이었다. 변호사들의 광고들만 판을 쳤다. 엄마를 데리고 관공서를 다니고 분투하며 어찌저찌 이혼 과정을 밟았다. 마침내 두 분은 합의 이혼을 하셨다. 발목에 무겁게 채워져 있던 거대한 쇠고랑이 풀린 느낌이었다.

그럼에도 나는 여전히 아버지라는 사람으로부터 진정한 자유를 얻고 싶다. 이는 아버지의 영향을 피하고 싶다는 것이 아니라 아버지라는 존재를 내 삶에 이롭도록 재정의하고 싶다는 것이다. 사주명리학적으로 나에게 아버지는 오행으로 수水이다. 물을 제어할 수 있는 것은 흙이다. 흙은 나에게 비겁이고, 비겁이 매번 새로워지기 위해서는 인성의 힘이 필요하다. 인성은 비겁(나)을 낳는 역할을 한다. 육친으로는 어머니이며, 일간(나)을 새롭게 태어나게 해주는 '공부'에도 해당한다. 그러니까 내가 아버지에 대한 불안으로부터 자유로워지기 위해서는 '불같은 공부'를 해야 한다는 것! 특히나 나는 비겁이 강하기 때문에 '기존의 나'에서 벗어나게 해주는 공부가 용신이다. 그래서 나는 공부하고 있고, 해야 한다.

'나'를 재탄생시키는 공부, 인성

모두가 취업 전선에 뛰어들던 대학교 졸업반 시절, 한 선배는 취업이 아닌 철학 공부를 선택했다. 다른 학교의 철학과로 전과를 했고, 철학 대학원까지 준비하고 있었다. 나는 취업을 하는 일반 루트를 벗어나 공부를 하는 사람들에 대한 존경심이 있었다. 그래서 그 선배가 멋진 어른처럼 보였다. 선배는 간혹 나에게 고미숙 선생님(우리는 줄여서 '곰샘'이라고 부른다)의 유튜브 영상을 메시지로 보내 줬다. 그때는 클릭하고 몇 분 안 지나서 스르륵 잠이 들곤 했다. 좋은 말 같기는 한데 귀에 잘 들어오지 않았다. 또 한번은 선배가 곰샘의 『조선에서 백수로 살기』 책도 추천해 줘서 구매하여 읽어 봤다. 회사를 다니는 길 외에 다른 길은 없을까 고민하던 차에 백수가 미래라는 주제가 흥미롭게 다가왔다. 하지만 모아 둔 돈도 없고 인문학을 공부하는 건 공부를 잘하는 박사들이나 하는 일이라고 생각하여 백수의 길을 선택하지 못했다.

그렇게 시간이 꽤 흘렀다. 우연히 유튜브 알고리즘에 잊고 있던 곰샘의 영상이 다시 떴다. 『동의보감』과 불교 초기 경전 『숫타니파타』에 대해 강의한 영상이었다. 『동의보감』은 물론이고 불교 자체에 대해 아무것도 모르던 나조차 너무 재밌었다. 그때 처음으로 부처님이 신이 아니라 인간이란 것을 알고 1차 충격을 받았다. 심지어 청년 시절에 깨달음을 얻으셨다니! 2차 충격. 그날부터 곰샘의 강의 영상을 볼 때마다 충격의 연속이었다. 대학교를 거쳐 회사에서 만난 어떤 어른도 세상을 다르게 보는 법에 대해서 알려 준 적이 없었다. 비슷한 조언, 낡아 빠진 충고들뿐이었다. 세상을 다르게 보는 어른이 신기했고, 반가웠다. 어느샌가 나는 곰샘이 공부하는 공간인 〈감이당〉 홈페이지에 접속하고 있었다.

〈감이당〉 홈페이지를 들어가니 이미 절반 넘게 진행한 불교 세미나가 있었다. 다행히 신청이 가능하다 하여 그때 처음으로 〈감이당〉에 방문했다. 어르신들의 기복 신앙처럼 여겼던 불교가 '인생 철학'으로 다가온 순간이었다. '인생은 고^{苦}'이며, 고통스러운 이유는 '탐(탐욕), 진(분노), 치(어리석음)' 때문이라니. 내 인생만 유독 고통스럽다고 생각했는데, 모든 인간의 삶은 고통이라는 말이 위안처럼 다가왔다. 그리고 그 이유가 나의 탐욕, 분노, 어리석음 때문이라니. 이렇게 단순하게 설명되면서도 큰 울림이 있다니. 나와 세상을 다르게 보게 해주고, 기존의 관념에서 벗어나게 해주는 이런 공부는 평생 해야겠다고 확신했다. 그렇게 한 달 뒤, 나는 〈감이당〉 1년 프로그램에 등록했다.

2021년, 1년 프로그램 수업을 들을 당시 나는 백수였다. 이전 회사가 코로나로 어려워져 관두게 됐는데, 이왕 이렇게 된 거 〈감이당〉에서 수업이나 듣자고 생각했다. 곰샘의 불교 수업은 제도권 교육과는 너무도 달랐다. 삶과 동떨어진 공부가 아니라, 삶, 사람, 자연과 연결된 공부였다. 그러니 재미가 없으려야 없을 수 없다. 이렇게 공부하는 백수로 산다면 얼마나 좋을까? 그때부터 공부하는 백수의 삶을 꿈꿨다. 근데 아무리 생각해도 공부로 생계가 해결될 것 같진 않았다. 〈감이당〉에서 생활하는 청년들이 많이 있었지만 당장 모아 둔 돈 하나 없이 〈감이당〉에 가기 두려웠다. 그래서 6개월 정도 백수로 수업을 듣다가, 결국엔 취업을 하게 됐다. 재성은 인성을 극한다. 일(재성)이 생기니 인성(공부)과 멀어지기 시작했다. 공부로 밥벌이를 하겠다는 로망은 잠시 접어 두기로 했다. 온라인 수업을 할 때마다 졸기 일쑤였다. 결국 출석하는 데만 의의를 두었다.

가장 바쁘고 정신없이 일했던 회사에서 공부를 병행하려고 하니 다른 번뇌가 생겼다. 공부하는 삶을 살고 싶으면서도 공부로 밥벌이를 할 수 있을지 확신이 서지 않았다. 재성이 과도하니 과정을 밟기도 전에 결과에 대한 걱정이 앞선 것이다. 그래서 일단 집 대출을 다 갚고, 돈을 좀 더 모으면 회사를 관두고 공부하는 삶을 살아 보자고 다짐했다. 원래 같았으면 당장 회사를 관뒀을 텐데, 공부를 한 덕분에 즉흥적으로 선택하지 않고 숙고하는 힘이 생겼다. 이전에는 노동을 악으로만 생각했는데 매번 졸더라도 꾸준히 공부한 덕분에 기존과 달리 공부와 회사를 이분법적으로 생각하지 않게 된 것이다.

무진 일주는 속에 품은 에너지가 크다. 넓고 거친 황무지 또는 산속에서 용이 꿈틀거리며 솟구칠 때만 기다리는 형상이다. 무토와 진토처럼 기둥 하나가 같은 오행으로 구성될 경우 '간여지동'干與支同이라고 한다. 간여지동일 경우 오행의 힘이 더 강하다고 볼 수 있다. 무진은 큰 산과 용의 결합이기에 땅속에 숨겨진 힘이 강하다. 단단한 흙과 산은 이동이 어렵기 때문에 고집이나 자기 중심성으로 발현되기도 한다. 본인이 가고 싶은 곳에 가고, 하고 싶은 시간에 하고, 내키는 것을 해야지만 직성이 풀린다.

인생에서 나의 이러한 성향이 가장 크게 방향을 틀게 된

때는 2022년이었다. 대운이 '병신'丙申으로 바뀌었다. 병화는 내게 인성이고, 신금은 식상이다. 대운이 병화 인성으로 강하게 들어오자 내 욕망도 공부로 방향을 틀었다. 병화는 태양처럼 뜨겁고 강한 불이다. 병신 대운에 비로소 회사를 관뒀다. 그리고 그다음 날 뒤도 돌아보지 않고 깨봉(〈감이당〉이 자리한 건물)으로 출근했다.

하지만 장소가 바뀌어도 마음의 습관은 그대로였기 때문에 기존과 똑같은 번뇌가 반복됐다. 공부를 한 지 얼마 되지도 않았는데 얼른 선생님들처럼 지혜로워지고 싶었다. 제도권 공부처럼 이 공부도 열심히만 하면 선생님들처럼 지혜로워질 수 있으리라 생각했다. 그러나 웬걸? 이곳의 공부는 차원이 달랐다! 말 그대로 시공간의 차원이 다르다. 학교나 회사에서 성과를 냈던 계산이 이곳에서는 통하지 않았다.

기존 제도권과 〈감이당〉의 곡률은 다르다. 오히려 이전 방식처럼 남들과 비교하면 할수록 공부는 진전되지 않았다. 선생님들이 몇 십 년을 공부해서 얻은 지혜를 나는 단숨에 얻고 싶었다. 공부를 빨리 잘하고 싶다는 마음이 공부에 대한 탐욕이라고는 생각하지 못했다. 이곳에서의 공부는 지식을 많이 아는 공부가 아니다. 글을 잘 쓰는 비법이나 기교를 배우지도 않는다. 이곳에서는 책을 통해 내면을 바라본다. 마음을 있는 그대로 바라보고 진솔하게 글을 써 내려간다. 그리고 나를 꽁꽁 묶어 놨던 관점으로부터 한 발자국 자유로워지는 과정이 이곳의 공부다. 머리로 쓰는 글이 아니라 삶으로 써 내려가야 한다. 정보가 넘치는 글이 아니라 세상과 연결된 각자의 냄새가 담긴 이야기가 넘실댄다. 그런데 나는 기존처럼 많이 알지 못하는 것에 대한 좌절감이 생겼다. 내가 더 잘나야 된다는 전제를 버리지 못한 것이다. 생전 접해 보지 못했던 동서양 철학, 과학을 탐험하며 느낀 것은 기존의 '나'를 버리지 못할수록 고립되어 간다는 것이다.

배움은 나를 벗어나 세상을 바라보는 훈련이다. 세상을 바라본다는 것은 '나'에게 꽂혀 있는 시각을 세상으로 돌린다는 것이다. 특히 나는 비겁이 강하기 때문에 내가 생각하는 대로 세상을 본다. 당연히 시야가 좁을 수밖에 없다. 좁은 시야로는 '나'를 객관화할 수 없다. 사주명리학은 '비겁'이라는 사적 영역에서 벗어나 세상을 중심으로 순환해야 한다고 말한다. 그러려면 비겁 다음의 스텝들을 잘 밟아야 한다. 비겁→식상→재성→관성→인성의 순서로 말이다. 타인과 함께 먹고 소통하고(식상) 그것으로 결실을 맺어 사회에 순환시키며(재성&관성) 공부(인성)하라는 의미다. 비겁을 벗어난 모든 스텝에는 '타자'가 있다. 타자와의 연결을 느낄 때 우리는 세상으로 시선을 돌릴 수 있다. 시선을 타자와 세상에 둘 때 비로소 '나'도 제대로 보인다. 결국 자연의 이치대로 산다는 것은 '세상'을 향해 시선을 돌리는 것이 아닐까. 나라는 에고에서 벗어나 세상 속으로 성큼 들어가는 것! 세상을 중심으로 확장된 시각에는 '나'라는 경계선이 흐릿하게 지워진다. 세상 속에서 타자와 섞이고 부대끼며 살 때만이 우리는 가장 '자연'스럽다.

질문을 던지는 공부, 사주명리학

사주명리학을 본격적으로 공부하기 전, 나는 사주명리학을 공부하는 공간에 있으면서도 명리에 대한 미심쩍은 마음을 버리지 못했다. 여덟 글자만으로 사람을 규정하는 것이 불편했던 것이다. 그런데 사실 이 마음에는 토가 과다한 나의 운명을 받아들이기 싫은 마음이 깔려 있었다. 목·화는 시작하는 힘이 좋고, 금·수는 수렴을 잘하고 지혜로운 것 같은데 토는 너무 애매했다. 목화와 금수 사이에서 그들 사이를 연결해 주는 것 외에는 아무런 장점이 없어 보였다. 그리고 토가 가진 '연결성'이라는 장점 역시 딱히 매력 있어 보이지 않았다. 그땐 몰랐다. 나의 사주명리에 대한 오해 또한 나의 무토 성향 및 운명의 여덟 글자와 깊은 상관이 있다는 것을.

무토가 큰 땅이라는 것을 떠올리면, 인간의 존재성을 여덟 글자로 제한하는 것에 대해 내가 왜 거부감이 강했는지 알 수 있다. 수많은 것을 품을 수 있는 무토이고 무엇이든 되고 싶어 하는데, 그것을 여덟 글자로만 규정한다고 하니 답답했던 것이다. 또한 토가 가진 연결과 매개의 힘이 나에겐 너무 쉬운 일이라 장점이라고 느끼지 못해 탐탁지 않았던 것이다. 아, 나는 정말 무토스럽구나! 명리학을 공부하면 공부할수록 내가 운명의 영향을 강하게 받고 있다는 것을 느낀다.

하지만 그와 동시에 명리학을 알면 알수록 운명에 얼마든지 능동적으로 개입할 수 있음에 놀라움을 느낀다. 운명은 외부에서 주어진 것이 아니다. 우리가 우주와 마주친 순간, 오장육부가 배치되고 몸이 만들어지며, 몸의 행로가 운명을 만들어내는 것이다. 운명이 정해져 있다고 느끼는 이유는 딱 하나다. 동일한 행동과 사유를 반복하기 때문에 마치 운명이 정해진 것처럼 느끼게 된다. 즉, 습관적으로 하는 생각과 행위가 내 운명이다. 습관이 곧 운명이기에, 운명은 우리가 개입하여 길을 바꿀 수 있다.

운명에 개입하기 위해서는 우선 자신의 반복되는 패턴을 알아차려야 한다. 머리로만 생각해서 알 수 있을 거라고 생각한다면, 큰 오산이다. 아버지에 대한 감정, 회사를 자주 옮기는 패턴, 연인과 헤어지던 이유, 업무를 대하는 나의 태도 등. 겉으로 보여지는 행위의 원인을 알려면 '나'를 디테일하게 관찰해야 한다. 예를 들어, 토가 과다하면 '고집'이라는 키워드가 따라온다. 처음에는 '내가 어디가 고집이 세다는 걸까? 나는 별로 고집 안 센데?'라고 생각했다. 스스로를 거칠게 보고 있다는 증거다. 특히나 나는 무토이기 때문에 포용력이 있어서 친구들의 의견도 잘 수렴하는 편이라 내가 고집이 세다는 것을 연결시키기 어려웠다.

그런데 누드 글쓰기를 통해 일상을 자세히 관찰하니 내가 유독 고집을 부리는 순간들이 보였다. 사람들의 의견을 잘 수렴하긴 하지만 결국 중요한 순간에는 내가 하고 싶은 대로 결정을 해버리거나, 내 방식을 타인에게 강요하기도 했다. 또한 운명을 글로 풀어 내다 보니 내가 왜 유독 '생존 기술, 돈, 아버지'에 대한 불안감이나 두려움이 컸는지도 알 수 있었다. 수 재성의 특성이 나에게는 재성과 관련된 것들에 대해 불안함으로 발현이 된 것이었다.

누드 글쓰기는 내가 잘 알지 못했던 내 모습뿐만 아니라 잘못 알고 있었던 점들을 관찰하여 보게 한다. 관찰에서 끝나지 않는다. 질문을 던진다. "그렇다면 이제 어떻게 살 것인가?"라고 말이다. 질문에 대한 답을 찾아 가는 과정 자체가 우리의 운명을 바꾸는 '용신'이다. 글쓰기는 인식과 사유의 새로운 길을 내며 운을 트이게 하기 때문이다. 따라서 운이 트이고 싶다면 써야 한다! 글쓰기는 우리의 운명을 바꾸는 데 가장 강력한 용신이 되어 줄 것이다.

갑목, 숲을 꿈꾸다

박보경

시	일	월	연
己	甲	辛	辛
巳	辰	丑	未

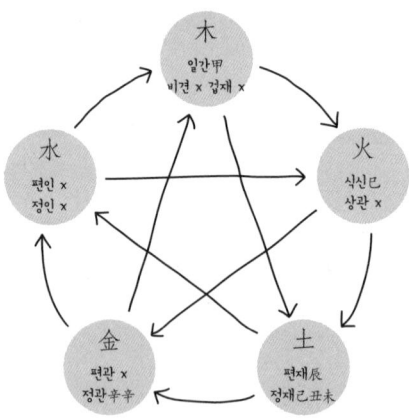

사주명리를 공부해야겠다고 다짐했던 순간이 아직도 기억난다. "일하는 데 기운을 많이 쓰니 몸이 고된 사주야." 이 말 한마디였다. 그날 이후로 시간 날 때마다 사주명리 책을 읽었다. 친구들과 읽고, 같이 암기하고 시험 치고, 선생님들께 묻고, 글도 써 보고…. 지금은 시간이 흘러 '왕초보 사주명리' 강의도 하고 있다. 사주명리를 공부한 지 꽤 긴 시간이 흘렀다고 생각했는데, 달력을 살피며 손가락으로 세어 보니 고작 작년 봄이다. 사주명리를 만난 지 1년 조금 넘었을 뿐이다.

2023년은 계묘癸卯년, 검은 토끼의 해다. 22년에서 23년으로 해가 바뀔 때, 〈감이당〉&〈남산강학원〉에서 공부와 활동을 병행하기 시작했다. 2022년, 지리산에서 막 서울로 올라왔던 늦여름, 〈감이당〉에서 열었던 '2030청년 고전학교' 프로그램을 덜컥 신청했다. 5개월에 걸친 프로그램이 끝나고 운 좋게도 곧

바로 활동을 시작하게 되었다. 첫날, 오랫동안 공부하신 선생님들과 인사를 나누며 자기 소개를 했는데, 그때 몸이 안 좋다는 말을 덧붙였다. 당시 나는 2~3년 전부터 몸이 안 좋아 일상 활동조차 힘든 상태였다. 아침에 일어나 조금 움직이면 기력이 없어 다시 누워야 했다. 때마다 병원에서 수액과 비타민 주사를 맞기도 했다.

몸이 안 좋다는 내 말에 선생님들은 대뜸 생년월일을 묻더니, 쑥덕쑥덕 이야기를 나눴다. '신약이다, 재성이 많다, 관성도 세다.' 선생님들 풀이를 한마디로 요약하면, 힘은 없는데 일하는 쪽으로 기운을 많이 쓴다고 했다. 그 말이 콕 박혔다. 내가 몸이 이 지경이 된 건 다 나에게 일을 많이 주는 사람과 환경 탓이라고만 여겼다. 아픈 내내 원망하고 탓하는 마음으로 속이 잠잠할 날이 없었다. 그런데 내가 그렇게 기운을 쓰고 있다니! 눈이 번쩍 뜨였다. "어떻게 하면 될까요? 일을 안 하면 될까요?"라는 질문에 돌아오는 대답은 "사주를 공부해라"였다.

처음에는 사주 명식을 봐도 어려운 한자만 가득하고, 뭐가 뭔지 도통 알 수가 없었다. 사주 공부를 조금 하고 난 후, 내 사주를 읽을 수 있게 되었을 때, 선생님들 말을 이해했다. 내 사주는 오행으로 보면 일간인 갑목 하나에 토 네 개, 금 두 개, 화 하나로 이루어져 있었다. 상생상극 관계로 본다면 내가 생하거나, 내가 극하고, 나를 극하는 기운으로만 구성되어 있는 셈이다. 나를 생하는 인성이나, 나에게 힘이 되는 비겁은 눈 씻고 찾아

봐도 없었다. 한마디로 비겁은 약한데, 재성과 관성 쪽으로 과하게 기운을 많이 쓰고 살았던 것이다.

원인을 제대로 알면 해결법도 자연스럽게 나오는 법! 사주팔자를 낱낱이 파헤치다 보면, 새로운 길이 열리지 않을까? "이제 그만! 나도 다르게 살고 싶다!"

갑목: 자존심, 독립심, 갑진 대운, 추진력

갑목의 탄생!

나는 1992년 1월 29일, 부산에서 태어났다. 사주팔자로 바꾸면 신미辛未해, 신축辛丑월, 갑진甲辰일, 기사己巳시다. 축월은 1년 중 가장 추운 절기인 소한과 대한의 때다. 그 추운 날 어머니는 나를 낳으셨다. 내가 태어날 당시엔 집안 형편도 꽁꽁 얼어 있었다. 아버지는 오랫동안 사법고시 공부를 하셨는데, 무일푼에 배짱 하나로 서른 즈음에 어머니와 결혼하셨다. 아들까지 낳았지만 고시 공부를 포기하지 못했다. 둘째인 나를 임신했을 때, 어머니는 백일기도 중이셨다. 매일 새벽같이 일어나, 찬물로 목욕재계를 하고 가까운 절에서 기도를 했다고 했다. 그 당시 아버지는 고시원에서 지냈다. 딱 하루, 집에 온 날, 그날 내가 생겼다고 들었다.

어릴 적 어머니는 가끔, 나를 복덩이라고 부르면서(복덩이라고 불린 시기는 청소년기까지다) 백일 기도발(?)이 아빠가 아니라 나에게 들어갔다고 종종 말씀하셨다. 날 때도 엄마 뱃속에서 쉽게 나왔고, 키울 때도 고생 없이 키웠다고 했다. 나는 분만실 들어가는 문 입구에서 태어났다. 아빠 대신 엄마 옆을 지키고 있던 큰이모에게 "언니, 배 아프다. 똥 싸고 싶다"라고 말하니, "옥아! 벌써 머리 나왔다!"라고 이모가 말했다고 한다. 힘 몇 번 주고 분만실 앞에서 낳았다고 한다. 하루 꼬박 고생했던 오빠에 비해서 둘째인 나는 쉽게 낳았는데, 아이러니하게도 태어날 때 체중은 4.5kg, 우량아였다. 일간이 신금인 엄마는 체구도 작고, 마른 체형이라 내가 4.5kg로 태어났다고 말하면 엄마를 아는 사람들은 깜짝 놀란다.

또 그날따라 병원에 남은 병실이 특실뿐이라 없는 형편에 어쩔 수 없이 특실을 썼다고 했다. 특실 보일러 온도 조절을 어떻게 하는지 몰라, 이모와 함께 엄마는 밤새도록 땀을 뻘뻘 흘리며 누워 있었고, 나는 하루 종일 울었는데, 알고 보니 큰 몸집에 신생아용 바구니가 안 맞아서 하루 종일 울었던 거였다. 태아에게 엄마는 영양분을 주는 땅이다. 새싹이 땅을 뚫고 뿅! 하고 빠르게 튀어나오는 것처럼 나는 날 때부터 엄마 뱃속에서 빠르게 나왔다. 거기다 없는 살림에 특실까지 쓴, 겉만 번지르르하고 실속 없는, 누가 봐도 영락없는 '갑목'의 탄생이었다.

명예는 나의 힘

앞에서 이야기한 것처럼 내 일간은 갑목이다. 사주팔자는 연월일시로 이루어진 네 개의 기둥, 여덟 개의 글자로 구성되어 있다. 그중 일간은 자기 자신을 나타내는 위치로 본다. 나의 일간, 내 존재의 축은 '갑목'이다. 열 개의 천간 중 가장 첫번째로 위치하고 있는 갑목은 갑, 을, 병, 정… 할 때 첫번째로 오는 그 갑이다. 갑목은 땅에 뿌리를 내리고 하늘을 향해 쭉 뻗어 가는 나무다. 천간에는 두 개의 나무가 있는데, 그중 양 기운을 가진 나무를 갑목이라 부른다. 음 기운을 가진 나무는 을목이라 불리며, 넝쿨이나 풀과 같은 식물을 상상하면 된다. 신기하게도 갑목은 갑목처럼 생겼다. 쭉 뻗어 가는 기운은 신체성과도 연결된다. 연구실에 있는 친구들 중 일간이 갑목인 사람을 보면 신기하게도 다들 몸이 쭉쭉 뻗어 있다.

갑목은 겨우내 꽁꽁 얼어 있는 땅을 뚫고 나오는 거센 힘이다. "나 지금 나갑니다!" 하는 기운을 사방팔방에 뿜어 낸다. 양의 기운이라 자신을 드러내는 힘이 강하다. 계수나 을목이 은근하게 자신을 드러낸다면, 갑목은 전체를 대상으로 자신을 드러낸다. 사주 공부를 할 때, 갑목은 어딜 가나 눈에 띈다는 말을 많이 들었다. 하늘을 향해 쭉쭉 뻗어 가는 갑목은 직진이다. 남들보다 빠르고, 앞서 나가기 때문에 자연스레 주목을 받는다. 물론 여덟 글자의 배치, 구성에 따라 다르겠지만, 나는 어릴 때부터 다른 사람에게 주목받는 걸 힘들어하지 않을뿐더러, 좋아했다. 덩달아 명예욕과 인정욕도 강했다.

내 인생에서 큰 변곡점이 되는 몇 시기가 있는데, 그중에

첫번째가 열두 살, 초등학교 6학년 때다. 아직도 기억난다. 초등학교 5학년 때까지는 그저 선생님과 친했다. 수업이 끝나면 선생님과 교실에서, 아니면 선생님 집에서 논 기억이 많다. 초등학교 땐, 학기 초마다 교실 게시판을 꾸미고, 이름표를 만들고, 교실을 정돈하는 학급 봉사활동이 있었다. 매년 선생님과 종이를 잘라 붙였던 기억이 난다. "보경이 수업 끝나고 남아"라는 말이 그렇게 좋았다. 선생님 입장에서는 자기를 잘 따르고, 자르고, 붙이고, 만들기를 좋아하는 학생을 불렀을 뿐인데. 나는 그게 인정받는 느낌이었다. 부모님은 나보다 총명하고, 공부를 잘하는 오빠에게 관심이 더 많았다.

그러다 6학년 때부터 공부하는 게 재밌어지기 시작했다. 열심히 하니 성적도 잘 나왔다. 아버지는 사법고시 공부를 그만두고, 학원 강사 일을 시작했다. 학원 강사로 자리 잡기 시작하면서 학원을 운영하셨다. 초등학교 3학년 때부턴 당연한 듯 아버지 학원을 다녔다. 5학년 때까진 억지로 책상에 엉덩이를 붙이고 앉아 있었는데, 6학년 때부터는 시험 기간에 새벽까지 공부를 했다. 공부를 잘하니 부모님도, 친구들도 나를 인정하는 것 같았다.

자신감이 생기니 목에 힘도 들어가고, 목소리도 커졌다. 성장기가 오면서 키도, 몸집도 또래 평균보다 컸는데 목소리, 웃음소리도 커졌다(지영 언니처럼 나도 웃음소리가 크다. 깨봉에 처음 왔을 때, 첫 탁구 시합에 언니와 팀으로 함께 복식 경기를 나갔다.

그때 우리가 지르던 괴성과 웃음에 경악한 사람들 얼굴이 떠오른다). 6학년 때부터는 교실에선 맨 뒷자리에 앉고, 복도에서는 뛰어다니기 시작했다. 수업 시간에는 목소리가 제일 컸다. 초등학교를 졸업할 때, 그 당시 담임선생님이 나에게 했던 말이 아직도 기억난다. '보경아, 네가 졸업하니 앓던 이가 빠진 것 같다'고 말씀하셨다. 열두 살 이후부턴 인생에서 어딜 가나, 뭘 하나 줄곧 눈에 띄길 좋아하고 시끄러웠다.

부모님은 중학교에 입학하는 나에게 딱 두 개만 하라고 하셨는데 그중 첫째는 반장을 할 것. 둘째는 공부를 잘할 것이었다. 그럼 지금처럼(?) 학교 생활을 해도 잘 살아남을 수 있다고 하셨다. 기운이 넘쳤던 중학생 땐, 외식할 때마다 저 말을 주술처럼 나에게 말씀하셨다. 덕분인지(?) 초등학교 1학년 때부터 고등학교 졸업 때까지 반장·회장을 하고, 성적도 큰 탈 없이 잘 나왔다. 어릴 때를 돌아봐도, 학문 자체가 재미있어서 공부를 한 적은 없다. 시끄럽고 까부는 아이인데! 반장인데! 나에게 공부를 못하는 건, 부끄러운 일, 폼 상하는 일이었다. 인정받고 싶은 마음, 멋진 폼을 유지하기 위해 10대 내내 열심히 공부했다.

열두 살이 뭘까, 왜 유독 그 시기부터 새벽까지 공부를 하기 시작했을까? 항상 궁금했다. 사주 공부를 하면서 내 변화를 이해하게 되었는데, 초등학교 6학년 때 대운이 바뀐 것! 임인壬寅에서 계묘癸卯 대운으로 바뀌었다. 나에게 수水는 공부, 학업, 재탄생을 뜻하는 인성이고, 그중 계수는 나에게 정인이다. 계수는 맑고 투명하게 흐르는 시냇물이다. 졸졸졸 흐르는 물은 힘이 약하다고 쉽게 생각하지만, 계수는 심연을 파고드는 강렬한 물 기운이다. 편인과 달리, 정인 대운은 학교 성적이 잘 나오는 시기이기도 하다. 갑목의 폼생폼사와 인정욕에 정인 대운이라는 운발이 콜라보를 이룬 학창 시절이었다.

놀랍게도 계묘癸卯 대운이 끝나는 스물한 살에, 대학교를 휴학했다. 그 후로 10년 동안 공부한 기억이 없다. 대학도 학사 경고를 두 번이나 받고, 정말 힘겹게, 겨우 졸업했다. 원국에 인성이 없는 나는, 대운에서 인성 기운을 받아야 한다. 슬프게도 계묘 대운을 끝으로 대운에서 인성과 만날 일은 앞으로 없다. 90세에 들어올 예정이나, 그때까지 살아 있을지는 모르겠다.

언제 어디서나 '갑질'을 해야 해!

몇 가지 사건을 떠올려 보면, 어릴 때부터 독립적인 성향은 내재되어 있었던 듯하다. 갑목이 지니고 있는 속성 중에는 독립심, 자수성가 등이 있다. 갑목은 누군가에게 의존하는 걸 싫어한다. 큰나무는 다른 생명에 기대어 자라기보단, 홀로 우뚝 서 있지 않은가. 살면서 부모님께 "나 힘들어요"라고 이야기한 적이 두 번 있다. 초등학교 1학년 때, 정확히 무슨 사건인지 기억은 안 난다. 옆자리에 앉은 친구가 놀린다고 엄마에게 말했더니, 다음 날, 선생님이 나와 그 친구를 불렀다. 알고 보니 어머니가 학교에 전화를 했던 것. 친구는 선생님께 혼이 났고, 내 옆

자리에서 다른 자리로 가게 됐다. '이 정도로 큰일이 아닌데?' 엄마 품에 안겨 잠깐 어리광을 부리고 싶은 마음에 한 말인데, 내가 느낀 것보다 일이 커져 당황스러웠다. 화장실에 서서 혼자 놀란 마음을 진정시켰던 기억이 난다. 불쾌하거나 싫은 감정은 아니었지만, 다시는 이런 일이 안 일어났으면 좋겠다고 생각했다. 초등학교 1학년이었지만, 그때에도 부모님 도움을 받는 상황이 흔쾌하진 않았다. 그 후로 부모님께 학교에서 일어난 일을 시시콜콜하게 이야기하지 않았다. 자식에 대한 애정이 지극했던(?) 부모님은 분기별로, 때마다 학교에 와서, 담임선생님을 통해 내 학교 생활 이야기를 들었다. "보경이가 집에서는 학교 이야기를 잘 안 해요." 학기 초마다 엄마가 선생님에게 했던 단골 멘트다.

누군가에게 도움을 요청하는 건 나에게 자존심 구기는 일이기도 하다. 지금도 도움 요청을 잘 못한다. 물론, 갑목이라고 무조건 그렇진 않다. 오행의 배치나 자라 온 환경 따라 다르다. 친오빠도 갑목인데, 오빠는 원하는 게 있으면 부모님께 당당하게 요구했다. 어릴 때도 오빠는 먹고 싶거나 사고 싶은 게 있으면, 사 줄 때까지 울고불고 소리치거나, 길바닥에 누워서 움직이지 않았다고 한다. 나는 먹고 싶은 것도, 사고 싶은 것도 크게 없었고, 설령 있다 하더라도 엄마가 "갱아(우리 가족은 나를 갱이라고 부른다), 지금 돈 없어"라고 말하면 "응" 이렇게 대답하고 끝냈다고 한다. 청소년기에는 '집-학교-아빠 학원', 이 동선으로만 생활했고, 다른 게 배우고 싶거나 옷을 사는 등 나를 꾸미고 싶은 욕구도 없었다. 중·고등학교 땐 체육복을 교복처럼 입고 다녔다. 엄마가 쉽게 키웠다고 말하는 이유 중 하나는 이거다.

최근 만났던 애인은 인생의 기쁨을 '주는 것'이라 여기는 사람이었는데, 내 독립적인 태도를 힘들어했다. 연애를 시작할 때, 그가 제일 먼저 나에게 했던 말은 "먹고 싶은 게 있거나, 사고 싶은 게 있으면 나한테 말해"였다. 나는 그 말을 듣고 되레 기분이 상했다. "먹고 싶거나 사고 싶은 게 있으면 내가 사지 왜 너한테 말해? 함께 먹고 싶은 게 있으면 말할게." 이전에 만났던 친구도 연애하는 동안 나에게 면박을 꽤 줬는데, 그 친구는 나이도, 벌이도 자기가 훨씬 많은데 밥을 사거나, 선물을 사 줄 때 흔쾌하게 받지 못하는 나를 못마땅하게 여겼다. 왜 연인 사이에 쓸데없는 자존심을 세우냐며, 그럴 때마다 항상 "갑질 한다"고 말했다. 이게 무슨 갑질이냐고 따졌는데, 사주 공부를 하고 나니 친구 말에 고개가 끄덕여진다. 맞다. 갑목이 '갑질'하는 것이다. "나 이거 필요해"보단 "뭐 필요한 거 없어?", "나 이거 사 줘"보단 "내가 살게!"라는 말을 곱절로 많이 하고 살았다. 때와 장소, 관계에 상관없이 어떤 순간에도 내가 '갑'이어야 한다. 지독한 갑목!

통장에 돈이 많은 것도 아니고, 돈벌이가 넉넉한 것도 아니었다. 월 백만 원을 벌 때도 그랬고, 통장 잔액이 오만 원일 때도 그랬다. 실속파 계수인 곰샘은 이런 내 모습에 질색하셨는데, 지금도 허세만 가득하다고 혼나는 중이다. 깨봉에 와선 "내가 살게!"라는 말도 잘 안 하고, 계산할 때 가만히 있는 연습도 하는 중이다.

갑진 일주가 갑진 대운을 만나면?

대운은 10년마다 바뀌는 시절 운이다. 자주 드는 비유로 사주 여덟 글자 원국을 자동차라고 한다면, 대운은 자동차가 다니는 길이다. 사람마다 대운이 변화하는 리듬은 다르다. 나는 대운 수가 2이기 때문에 나이 끝자리가 2로 바뀔 때마다 대운도 바뀐다. 12살엔 계묘 대운, 22살엔 갑진 대운, 32살엔 을사 대운…. 사람들과 사주 이야기를 나누다 보면 대운을 잘 안 타는 사람도 있는 반면, 대운 영향을 많이 받는 사람도 있다. 내 삶을 보면 대운이 삶에 미친 영향력이 컸다. 대운이 바뀔 때마다 신기할 정도로 다른 사람이 되거나 환경이 완전히 달라졌다.

　스물두 살, 계묘癸卯 대운이 가고 갑진甲辰 대운이 왔다. 어릴 때부터 자존심과 독립심으로 똘똘 뭉친 '갑'으로 살았는데, 성인이 되고 처음 만난 대운이 '갑진'이었다. 일주가 갑진인 나와 똑같은 기운이다. 갑과 갑이 만나면 어떻게 될까? 목 기운인 비겁이 강해져 독립심과 경쟁심이 두 배가 됐다. 갑목 두 개로 강해진 독립심은 간섭받는 걸 극도로 싫어하고, 거부하는 모습으로 드러났다. 대운이 바뀐다는 건, 이전과는 다른 욕망으로 갈아타는 것이기도 하다. 대운이 바뀐다고 해서 하루아침에 욕망이 순식간에 뒤집히는 건 아니다. 대운은 바뀌기 2~3년 전부터 변화의 조짐을 보인다. 이전과는 다른 새로운 욕망이 꿈틀거린다.

스무 살, 대학 입학과 동시에 부모님과 작별했다. 대학교 진학으로 부모님과 갈등이 있었는데, "내 인생 내가 살 거야! 내 맘대로 할 거야!"라고 아빠에게 큰소리를 쳤다. 태어나서 처음으로 부모님과 싸웠다. 그전까진 부모님과 싸울 일도, 싸운 적도 없었다. 부모님은 주변 친구들 부모님에 비해서 잔소리가 많은 분들도 아니었고, 무엇보다 내가 하고자 하는 일에 대해서 한 번도 꺾은 적이 없었다. 부모님과 나는 쿵작이 잘 맞는 사이라고 생각하며 살았는데, 처음으로 부모님과 다퉜다. 대학 원서를 넣고, 입학할 때도 끝까지 자존심을 내세우며 장학금을 제일 많이 주는 곳으로 갔다. 앞으로 부모님 도움은 받지 않겠다고 다짐하며, 다이내믹한 20대를 보냈다. 너무 자유롭게 다닌 탓인지 20대엔 "부모님은 계시니?"라는 질문도 꽤 받았다. 내가 귀하게 자랐다고 말하면 다들 코웃음을 치며 안 믿었다. 고등학생 시절에 집에서 학교가 멀었는데, 나는 부모님이 3년 내내 매일 학교에 데려다 주신 덕분에 시내버스를 대학 가서 처음으로 타기도 했다.

대학에 입학하긴 했지만, 대학 생활이 주는 즐거움은 잠깐이었다. 1학년 땐, 친구들과 술 마시고 노는 게 재미있어서 수업도 잘 안 듣고, 공부도 안 했다. 2학년이 되니 친구들은 학점 관리를 열심히 하고 해외로 유학을 가거나, 취직 준비를 했다. 나는 오히려 대학에 와서 길을 잃었다. 고등학교 때 전교조 선생님들 영향으로 나는 대학을 친구들과 놀고, 사회 운동하는 공간으로 그려 놓고 있었다. 막상 대학에 오니 내가 생각한 대학 생활이 아니었다. 활동 범위만 더 넓어졌을 뿐, 고등학교 시절의 연장이었다. 1년이 지나니 이질감은 더 생생하게 느껴졌다. 고등학교 때까진 대학 안 가는 삶을 상상할 수 없었기에 '좋은 대학 가기'가 삶에서 제일 중요한 목표였다. 막상 대학에 오니 "공부를 왜 해야 하지? 성적 잘 받아서 뭐하지?"라는 질문이 계속 따라다녔다. 좋은 직장에 취직하고 싶은 생각은 애초부터 없었다.

더군다나 1학년 때부터 학점은 계속 바닥이었다. 장학금을 받기 위한 최소 학점만 간신히 맞추며 학교 생활을 하다, 2학년 말부턴 결국 시험도 안 쳤다. 가까운 친구들은 '보경아, 수업 좀 들어라. 제발 시험이라도 쳐라!' 하고 시시때때로 잔소리를 하고, 수업에 데려가려고 애를 많이 썼지만 나중엔 친구들도 두 손 두 발 다 들었다. 결국 학사 경고를 두 번 받았고, 교수님과 돌아가며 상담을 했다. 한 교수님은 멀리 계신 부모님께 전화까지 했다. 교수님 연구실에 찾아가 왜 우리 부모님한테 전화했냐고 따져 물었던 기억이 난다. 그땐 친구들과 교수님의 염려가 다 간섭으로 느껴졌다. 곰샘은 비겁을 '자존감'의 영역이라고 표현한다. 한마디로 비겁이 강하다는 건 자존감이 강하는 것! 자존감이 강한 사람은 자기를 해치지 않으면서, 주변과 조화를 이룬다. 그러나 나는 자기 영역을 지키려는 욕망 때문에 손해인 줄 알면서도 남의 말은 무시하고 고집을 부렸다. 갑목 두 개가 만나 이루어진 내 모습은 남들이 볼 땐 '갑갑'함 그 자체였다.

한편으론 또 다른 모양의 삶이 펼쳐졌다. 학업에는 흥미를 못 느꼈지만 술과 연애, 운동, 대외 활동을 열심히 했다. 수업에 들어가는 대신 도서관에서 책을 읽었고, 여행을 자주 다녔다. 대학 공부'만' 빼고 다 했다. 홀로 서겠다는 독립 의지는 자기 세계를 더 확장하고, 탐구하는 힘과도 연결됐다. '사는 게 뭘까, 어떻게 살아야 하는 걸까?'라는 질문이 머릿속에서 떠나질 않았다. 스물한 살, 휴학 후 혼자 첫 배낭여행을 떠났다. 부모님은 극구 반대했지만, 여행 가기 전날 편지 한 장 써 놓고 몰래 떠났다. 세 달 뒤, 여행에서 돌아온 뒤에야 아버지가 매일 아침 동네 암자에서 108배를 했다는 사실을 알고 미안함에 울었던 기억도 난다. 미안함도 잠깐, 또 떠났다. 다양한 대외 활동을 하면서 돈을 벌고, 돈 벌면 또 어디론가 떠났다. 국내, 해외 가리지 않고 다녔다. 첫 배낭여행 때는 부모님이 종종걸음으로 공항에 마중도 나오셨는데, 어느 순간부턴 익숙해졌는지 혼자 인도를 가겠다고 할 때에도 "인도? 혼자 괜찮겠어?"라고 한마디 하시곤 심드렁하셨다.

익숙한 공간을 떠나 시공간을 달리하니 다양한 사람들이

보였다. 혼자 가볍게 떠나, 새로운 여행지에서 만난 사람들과 이야기 나누며 놀았다. 새로운 사람을 만날 때마다 곳곳에 다양한 사람들이, 다양한 방식으로 살아가고 있다는 게 매번 놀라웠다. 꼭 한 가지 길로 가지 않아도 괜찮다는 걸 여행하면서, 사람들과 이야기 나누면서 많이 배웠다. 세상은 정말 넓었다. 20대 시절 대부분은 떠돌아다니며, 새로운 사람을 만나며 보냈다. 삶에 대한 고민과 갈등으로 마냥 편하게 보낸 시기는 아니었지만, 가장 나에 대해 진지하게 고민하고, 시야를 더 넓힌 시기이기도 하다. 일주 갑진의 지지인 진토는 나무가 자라기 좋은 비옥한 땅이다. 오죽하면 진월인 청명과 곡우에는 부지깽이를 꽂아도 나무가 자란다고 표현하겠는가. 어릴 때는 가정이라는 공간에서 양분을 충분히 받으며 자랐고, 20대가 되어서는 새로운 공간에서 양분을 끌어올리며 살았다.

매일 여행 다니고, 다른 활동들을 하면서 수업을 제대로 들은 적은 없지만 용케 졸업을 했다. 자퇴를 꽤, 자주 고민했는데 결국 못했다. 끝끝내 자퇴할 용기가 없었다. 대학 동기들은 내가 대학을 졸업했다는 사실에 아직도 놀란다. "너 어떻게 졸업했냐?" 휴학을 끝내고, 학교에 복학 신청서를 냈지만, 공부하는 대신 시민단체에 서둘러 취직을 했다. 취직 핑계를 대곤 수업에 들어가지 않았다. 고등학교 친구들은 당연히 내가 좋은 대학에 입학해, 졸업 후 좋은 직장에 취직해 살고 있을 거라 생각했다고 한다. 대학 친구들이 이 말을 들으면 얼마나 어이가 없을까? 부모님은 10대 땐 "딸이 있어서 참 행복하다"라고 말했는데, 20대 때는 "딸 키우는 게 참 힘들다"라고 말씀하셨다. 대운에 갑목이 들어오면 변화가 크다. 갑목, 자수, 인목은 시작하는 힘이 강한 글자라 대운으로 이 글자가 들어오면 지금까지와는 다른, 새로운 방향으로 삶이 전환되기도 한다. 갑진을 대운으로 만난 시기에 삶은 아주 새롭게 전개됐다.

토 재성: 활동력, 넓고 얕은 관계, 조화로운 관계망

일단 돌진하는 목!

10개의 천간 중 처음 자리한 갑목은 시작하는 힘이 좋다. 겨우내 꽁꽁 얼어 있던 땅을 새싹이 뚫고 새봄을 여는 것처럼, 목 기운은 한곳에 집중해서 막힌 곳을 뚫는 힘이 강하다. 때문인지 나는 앞뒤 재지 않고 새로운 걸 시작하는 데 힘을 잘 쓴다. 또 새로운 걸 좋아한다. 대체로 내 주변에 있는 갑목은 호기심도 많고, 새로운 걸 좋아한다. 새로운 걸 좋아하기 때문인지 하고 싶은 게 있거나, 궁금한 게 있으면 일단 돌진한다. 저지르고 본다. 심사숙고나 차후 대책은? 없다.

예를 들어, 자전거를 한 번도 타 본 적도 없으면서 무턱대고 서울에서 부산까지 자전거로 종단하는 대장정을 신청하거나(어릴 때부터 운동이라면 좋아했기에, 남들 다 타는 자전거이니 잠깐 연습하면 바로 탈 수 있을 거라 생각했다^^;), 해외에서 스쿠

터를 대여해 타고 다닌다거나, 해외는 가 본 적도 없으면서 혼자 배낭여행을 몇 개월씩 떠나는 일을 벌인다. 당연히 사건·사고도 많고, 몸이 다칠 때도 많았다. 자전거로 대장정을 했을 땐, 속도 조절을 잘 못하는 바람에 안동의 깔딱 고개에서 날았다(!). 얼굴에 멍이 들고, 쇄골이 부서졌다. 스쿠터를 탈 때도 무턱대고 연습하다 담벼락을 들이받아 허벅지를 크게 다쳤다. 아무 대책 없이, 겁 없이 시작하고 나서 '아차!' 하는 경우가 많다.

복학하고도 학교에 다니기 싫어 취직을 하려고 했을 때는 역시 시민단체에서 일해야겠다는 생각으로 다니고 싶은 단체에 가 봉사 활동부터 시작했다. 직장을 옮길 때도 똑같았다. 저기서 일 해봐야겠다는 생각이 들면, 메일을 보내거나 전화를 걸어서 활동해 보고 싶다고 일단 문을 두드렸다. 시작하는 데 망설임이 없었다. 인권 활동에서 평화, 생태 활동으로 방향을 바꿔야겠다고 마음먹은 후엔 살 곳을 몇 달 탐방한 후에 바로 지리산으로 이사를 갔다. 사람들은 혼자 지리산에 이사 갔다는 걸 신기하게 볼 때도 있었는데, 갑목인 나에게 낯설고 새로운 장소로 가는 건 큰 어려움이 아니다. 익숙함보다 새로움이 더 좋기 때문이다.

시작부터 하고 보는 특징은 다양한 경험을 할 수 있는 힘을 주기도 하지만 남들은 쉽게 예측할 수 있는 일을 살피지 못하기 때문에 시행착오를 많이 겪는다. 일단 저지르는 일이 많기 때문에 던져 놓고 뒷수습하느라 곤란을 겪은 적도 꽤 많다.

이렇게 돌진하는 갑목이 넓은 땅을 만나면 어떻게 될까?

뿌리를 넓게 뻗을 수 있는 땅

내 일간은 '갑'이고, 태어나서부터 지금까지 계속 대운으로도 목 기운이 들어왔기 때문에 나는 목 기운이 지닌 성향을 잘 발휘하며 살았다. 그러나 내 사주 여덟 글자에서 가장 많은 글자는 '토土'다. 힘이 센 월지, 일지부터 연지에 시간까지, 여덟 글자 중 무려 네 글자가 토로 이루어져 있다. 십신으로 토는 나에게 재성이다. 재성은 보편적으로 일, 돈, 구성력을 뜻하는데 나에게 재성은 '활동력'이다. 활동을 하지 않으면 생명이 시들해지는 것처럼, 나에게 많은 활동은 삶에 생동감을 주는 중요한 요소다. 더군다나 나는 양토와 음토, 즉 편재와 정재가 다 있다. 편재와 정재가 함께 있는 사주를 명리학 용어로 '재성혼잡'이라 한다. 재성 과다에 혼잡이니 한마디로 나는 활동을 많이 하고, 또 잡스럽게 하는 편이라 할 수 있다.

초등학생 때부터 다이어리를 쓰는 습관이 있었는데, 그때부터 다이어리가 항상 빼곡했다. 청소년 시기에는 활동 범위가 학교에 한정되어 있었으니, 해야 할 공부로 다이어리를 빼곡하게 채웠다. 시험을 좋아하진 않았지만 시험 기간은 항상 즐거웠다. 평소보다 할 공부가 많다는 그 이유 하나만으로 시험 기간엔 아침에 눈뜨고 학교 갈 준비를 할 때부터 심장이 두근두근하며 마음이 설레었다. 공부 자체보다는 할 일이 많다는 이유만으로 삶에 활력이 생겼다. 대학생 때도 마찬가지다. 항상 일정이 빼곡했다. 학교 수업엔 흥미를 못 느꼈지만 그 외 다른 활동으로 하루가 가득 차 있었다. 학교 언론사, 학생회를 하며 바쁘게 지냈고 그 와중에 대외 활동까지 동시에 여러 개를 했다. 물론, 운동과 연애도 쉬지 않았다. 다이어리를 보고 조금이라도 일정이 비어 있으면, 친구들과 약속이라도 잡았다. 그것도 하나가 아니라 여러 개를! 매번 할 일이 있고, 약속이 있었다. 학생 때까지는 재성을 '다양한 활동과 경험'으로 쓰며 살았지만, 일을 하기 시작하면서부터는 일을 많이 하는 것으로 재성을 썼다.

내 사주는 천간보다 지지에 토 기운이 더 많다. 천간이 사유, 욕망의 흐름이라면 지지는 내가 직면하는 현장과 사건이다. 나는 활동을 많이 하는 걸 좋아하고, 실제 내가 놓인 현장도 다방면으로 활동을 늘릴 수 있는 곳들이었다. 첫번째 직장은 시민단체 중에서도 가장 활동을 많이 하는 곳이었다. 활동 범위와 활동력이 큰 곳이라 시민단체의 삼성이라 불리는 곳이었다. 하고 싶은 일도, 해야 할 일도 많았다. 주어진 일도 있었지만, 내가 만든 일도 많았다. 직장 생활을 할 땐, 하루 온종일 일을 하고도, "이거 해볼까? 저거 해볼까?" 하며 새로운 프로젝트에 대해 생각하면서 보냈다. 직진하는 기질 덕분에 하고 싶은 일이 생기면, 일단 저지르고 봤다. 그러다 보면 하고 싶은 일이 끊임없이 생기고, 해야 하는 일도 늘어나면서, 나중엔 일이 많아져 있었다.

그 후로 인권 단체, 여성 단체 두 곳에서 일했지만 두 곳 다 일하는 패턴은 비슷했다. 활동을 많이 하기도 했지만, 웃기게도 내가 거쳐간 곳은 다 일 많기로 그 바닥에서는 유명한 곳이었다. 월급을 받고 일했던 곳에서는 매번 상여금을 정해진 것보다 더 받았는데, 이유는 하나다. 일을 많이 하기 때문이었다. 이 모든 건, 새로운 걸 좋아하는 목 기운과 사방으로 가지를 뻗어도 받아들일 수 있는 넓은 땅이 있기 때문이었다.

습관은 무섭다. 꽤 긴 시간 새로움을 찾고, 일을 하는 방향으로 힘을 쓰며 살아왔다. 〈감이당〉에 처음 공부하러 왔을 때, 공부할 때마다 사업 구상을 하고 있는 내 모습을 보고 깜짝 놀랐다. 간디를 배우면 간디를 공부할 생각보다는 간디를 주제로 어떤 사업을 진행해 볼까, 어떻게 사람을 조직해 볼까? 자동으로 생각이 이런 방향으로 흘렀다. 공부보다는 공부로 연결된 활동을 구상하면, 생각만 해도 신이 나 밤잠을 설칠 정도였다. '왜 나는 공부는 안 하고, 사업 구상을 할까?' 이 주제로 글을 쓴 적도 있다. 공부할 땐 머리가 꽉 막혀 있다고 느낄 때가 많은데, 긴장하거나 집중해서 일할 땐 머리가 획획 돌아가는 게 신체적으로 느껴진다. 사주를 공부한 이후에 내가 재성이 많고, 또 재성 쪽으로 기운을 쓰는 게 익숙하기 때문이란 걸 알았다. 서당개도 3년이면 풍월을 읊는다고 했던가. 깨봉 생활 3년 차, 사업 구상에 두근거리던 심장은 오래전에 멈췄다.

넓고 얕은 관계망

다양한 활동을 한다는 건, 다양한 사람을 만난다는 말이기도 하다. 활동만큼 관계도 두드러지게 혼잡하고 넓다. 나에게 토재성은 사람을 다방면으로 넓게 사귀면서 영향권을 확보하려는 힘이기도 하다. 어릴 적부터 마당발로 많은 사람을 사귀었다. 초·중·고등학생 때까지는 같은 학년은 물론이고, 선후배들과도 모두 인사하며 지냈다. 누가 몇 반인지는 대체로 파악하고 다녔다. "너는 모르는 애가 누구야?" 하는 소리를 많이 들었다. 고등학교 때까지는 같은 길로 등교하고, 복도를 지나고, 한 공간에서 전교생이 밥을 먹었으니 얼굴을 익히는 게 어렵지는 않았다.

대학은 또 새로웠다. 공간도 넓고, 사람도 많고, 활동 범위도 더 넓어졌다. 대학 언론사부터 학생회, 동아리까지 다 다니면서 놀았다. 정문에서 강의실까지 가는 길에 사람들과 인사하기 바빴다. "너는 모르는 사람이 누구냐?"는 말을 대학 때도 자주 들었다. 군대 간 동기에게 부대 안에서 나를 아는 사람을 만났다는 전화가 온 적도 있었다. 사회 생활할 때도 마찬가지였다. 인권 단체에서 일할 땐 인권 운동, 사회 운동하는 친구들을 다양하게 많이 사귀었고, 지리산에서 지낼 땐 대안 교육, 공동체, 생태 운동에 관심 있는 사람들을 또 다양하게 만나면서 지냈다. 최근엔 깨봉에서 공부하다 다람살라로 유학을 떠난 친구에게 편지를 받았는데, 편지에 '보드가야에서 언니 아는 분을 만났어!'라고 쓰여 있었다.

토는 항상 어딘가에 걸쳐져 있다. 천간에는 발산이 극대화된 화 기운과 수렴의 시작인 금 기운 사이에 중재하는 역할로 토가 들어가 있다. 지지에는 계절 사이마다 토가 들어가 있다. 예를 들어 진토는 봄[卯木]과 여름[巳火] 사이에 있는 땅이다. 이처럼 토는 모든 계절, 사방을 아우를 수 있는 힘이 있기에 '조화', '권력', '안정', '매개'와 같은 키워드가 따라온다. 그래서인지 사람을 연결하는 것도 좋아한다. 비슷한 분야나 비슷한 관심사로 활동하는 사람을 연결시켜 줄 때, 신난다. 그게 아니더라도 때마다 소개팅도 자주 주선하는데, 결혼까지 골인한 케이스가 세 커플이나 된다. 생각하면 뿌듯하다. 이런 특성도 온 계절에 걸쳐 있으며, 연결을 주관하는 토의 특성이 관계에서 작동한 건 아닐까 싶다.

그러나, 땅은 많은 걸 묻는다. 흙은 많은 걸 덮기도 한다. 그렇기에 토 기운이 많은 사람을 보면, 자신을 잘 드러내지 않는다고 느끼는 경우가 있는데, 그건 흙의 특성 때문이다. 토 기운이 왕성한 나도 마찬가지다. 어릴 때부터 누구와도 낯가림 없이 이야기를 나눌 수 있지만, 속 얘기를 나누는 사이는 한 손 안에 꼽혔다. 활동을 중심으로 넓은 관계를 맺지만, 당연히 관계 밀도는 낮다. 밀도가 낮으니 갈등이 일어날 일도 없고, 깊은 사귐도 없다. 정말 친한 친구는 때마다 항상 한두 명이었다.

그러다 보니 누군가와 일대일로 만나 개인적인 이야기를

나누는 자리는 오래전부터 불편해했다. 활동과 활동하는 영역을 중심으로 나누는 대화는 자연스럽고, 익숙하고, 심지어 즐겁기까지(!) 한데, 같이 밥 먹으면서 시시콜콜한 이야기하는 건 왜 이렇게 어려운지. 별것 아닌 이야기도 말하기 어색하고, 불편하다. 나에겐 수많은 사람들 앞에서 사업 계획을 발표하는 것보다 아는 사람과 단 둘이 밥 먹으며, 일상 이야기 나누는 게 더 불편하고 긴장되는 일이다. '일, 활동'과 연결된 대화가 아닌 이야기를 나누는 게 익숙하지 않다. 비겁이 많은 사람은 타인과 관계 맺을 때, 자기 집에 초대하거나 사적인 이야기를 나누면서 관계를 맺는다. 공간으로 비유해 보면 비겁은 가정, 식상은 동네, 재성은 도시의 영역이다. 비겁은 자기와 가장 사적이고, 긴밀한 영역에서 관계를 맺는다. 식상이 즐거움을 함께 나눌 수 있는 관계라면 재성은 '사회적 관계'를 지향한다. 다양하고 복잡한 관계 속에서 자기 위치를 찾으려고 한다.

어릴 때부터 나에 대한 이야기를 잘 하지 않았다. 말수가 많은 편도 아니다. 대화 나눌 때, 질문과 호응을 많이 하고 깔깔거리며 자주 웃기 때문에 사람들이 잘 눈치채지 못할 뿐이다. 〈감이당〉와서 처음 글을 쓰고 받은 피드백도 "자기를 드러내라"였다. 1년 내내 자기 이야기를 구체적으로 쓰면 좋겠다는 말을 들었는데, 그게 처음엔 어려웠다. 무슨 이야기를 더 쓰라는 거지? 처음 〈감이당〉에 왔을 때, 놀랐던 것 중 하나는 '말'이었다. "선생님들은 왜 저렇게 말씀이 많으시지? 왜 쉬지 않고 말을 하지?" 처음에는 낯설었다. 할 말이 있다며 내 이름을 부르면, '중요한 이야기인가?' 하고 귀를 쫑긋 세웠다. 대체로 오늘 아침에 일어난 일, 어제 봤던 드라마 이야기 등 하루 일과를 맛깔나게 풀어 주셨다. 처음엔 정말 이상했다. '저 이야기를 왜 나한테 하는 거지?'

또 이상했다. '왜 나한테 이런 걸 묻는 거지?' 어제 뭐 했는지, 통장 잔액은 얼마나 되는지, 연애는 어떻게 되어 가는지, 요즘 몸과 마음 상태는 어떤지…. 한두 명도 아닌 수많은 사람이 시시때때로 시시콜콜한 질문을 했다. 처음엔 질문을 받을 때 말문이 자동으로 턱하고 막히기도 했다. "싫어. 말 안 해!"라고 얘기한 적도 많다. 그러나 막상 이야기를 하고 나면, 아무것도 아니었다. 내가 왜 굳이 숨기고 말을 안 했을까? 하고 갸우뚱한 적도 있다. 요즘엔 하루 일과가 '수다'일 정도로 말을 많이 한다. 내 이야기를 많이 한다. 주변 친구들에게 "나는 말수가 적은 사람이야"라고 말하면 아무도 안 믿는다. 하루 동안 있었던 일, 관계, 마음 상태, 고민 등…. 또 다른 내 모습을 보며 놀라고 있다. 작년을 기준으로 갑진甲辰에서 을사乙巳로 대운이 바뀌기도 했다. 사화는 나에게 십신으론 식상이다. 식상은 먹는 것, 말하는 힘이다. 대운은 곧 시공간의 배치이기도 한데, 운이 바뀌면서 자연스럽게 말이 많은 시공간에 들어오게 된 것은 아닐까?

인생의 화두는 '조화'

넓고 방대하게 관계를 맺고, 사람을 연결하면서도 내가 제일 중요하게 생각하는 건 '조화'다. 사주 구성을 보면 일간 갑목 옆에 시간으로 기토가 붙어 있다. 갑목과 기토는 서로 합合을 이룬다. 갑목이 지니고 있는 따뜻함과 조화를 중요하게 생각하는 기토가 만나 짝을 이룬 셈이다. 천간에는 서로 짝이 되는 글자가 있는데, 서로 짝이 되어 다른 성질로 변하기도 하고, 혹은 한쪽으로 기운이 쏠리기도 한다. 갑목이 기토와 만나면 토의 성질로 변한다. 일간은 존재의 축이기 때문에 합이 들어와도 다른 기운으로 변화하진 않지만, 나의 사주 구성상 토 기운이 많고, 비겁과 인성이 없는 사주 구성이라 천간에서도 토의 성향이 강하게 드러난다고 볼 수 있다. 힘은 강한 쪽으로 끌리기 마련이다.

기토는 음의 성질을 지닌 땅인데, 무토와는 다르다. 양간의 땅인 무토는 척박하지만 드넓은 땅이라면, 기토는 비옥하지만 좁은 땅이다. 세심하게 가꿔진 비옥한 텃밭을 떠올리면 된다. 한편으론, 잘 가꾸어 수확물을 내고 싶어 하는 힘을 뜻하기도 한다. 나에게 지지의 토[辰, 丑, 未]는 많은 사람을 만나 활동을 하는 힘으로서 현장에서 드러났다면, 천간에 자리하고 있는 기토는 사람들 사이의 관계를 살피고, 중재하는 기운으로 쓰였다.

학생일 땐, 반에서 소외받는 친구가 있거나 친구들이 무리를 이뤄 자기들끼리만 놀면 못마땅한 마음이 올라왔다. "우리

반은 다 같이 놀아야 해!" 친한 친구가 아니더라도, 한 반에 있는 누구와도 스스럼없이 웃고 떠들 수 있는 분위기가 되어야 편했다. 선생님과도 마찬가지였다. 학생 때는 선생님한테 혼나기도 하고, 친구들끼리 선생님 욕을 하면서 스트레스를 풀기도 하는데, 그런 분위기 자체를 불편해했다. 선생님과 친구들 관계를 중간에서 조율하는 역할을 자청해서 하곤 했다. 학교 생활을 할 때도 배척되거나 소외된 친구에게 마음이 쓰였다. 다른 친구들보다 유독 더 관심을 많이 가졌던 것 같다. 어떻게 살고 싶어? 라는 질문을 받으면 제일 먼저 떠오르는 문장은 '조화롭게 사는 세상'이다.

시민단체에서 활동할 때도 '조화'는 매번 큰 화두였는데, 상대적으로 사람 사이에서 벌어지는 갈등과 긴장에 예민하게 반응했다. 사회생활을 할 때도 관계에서 일어나는 갈등과 긴장은 나를 불편하게 했다. 왜 사이좋게 못 지낼까? 왜 마음을 못 맞추는 걸까? 함께 활동하는 사람들 사이에 갈등이 생기거나 긴장이 느껴지면, 같이 긴장하며 불편해했다. 불편함이 느껴지면 제발 둘이 화해하고 친하게 지내 달라고 곧바로 이야기를 했다. 상황을 덤덤하게 지켜보는 게 아니라, 매번 전전긍긍하며 그 사이에서 역할을 찾으려고 애를 쓰고 긴장했다. 일 때문에 출근하기 싫거나, 삶이 고통스러웠던 적은 없다. 가까운 사람, 단체 안에서 일어나는 갈등을 보면 매번 "으악! 출근하기 싫어!"를 외쳤다.

이전까지 나에게 조화란 '갈등 없는 관계'였다. 사주 공부를 하면서 알게 됐다. 생명은 삐뚤삐뚤, 엉망진창이란 걸. 세상에 완전한 팔자, 완전한 생명이란 건 존재하지 않는다. 존재할 수 없다. 삶은 완전한 존재들이 서로 만나, 갈등 없이 이루어 가는 게 아니라 서로 다른 차이들이 우당탕탕 뒤섞이면서 만들어 가는 것이다. 상생하고 상극하는 리듬처럼 서로 살리는 관계는 서로 극하는 기운이 있기에 가능하다. 상생하고, 상극하는 과정 자체가 생명의 조화다.

금 관성: 활동의 뿌리, 뾰족한 잣대

관성. 활동의 근거가 되는 힘

'토 기운 많은 갑목'이라는 말로 나를 표현하기에는 30퍼센트 정도 부족하다. 관성이 빠졌기 때문이다. 재성 못지않게 나에게 영향을 많이 준 기운은 관성이다. 십신과 육친은 오행의 상생상극을 통해 바라본 인간사의 모습이다. 비겁에서 식상, 식상에서 재성까지는 내가 생하고, 내가 극하는 '내가 쓰는' 기운이라면 관성부터는 달라진다. 관성은 '나를 극하는' 타자의 기운이다. 관성에 도달하면 우리는 새로운 사람, 새로운 세상, 즉 낯선 것과 마주치게 된다. 내가 내 기운으로만 움직일 수 없는 세상, 다른 기운과 섞이게 하는 강력한 힘이 관성이다. 그렇기 때문에 관성은 조직, 직장, 여성에게는 남편, 남자에게는 자식으로 상징된다.

목 기운을 극하는 건 금 기운이다. 나무를 내려칠 수 있는 도끼, 가지를 잘라 주는 가위는 모두 금으로 되어 있다. 내 사주 원국을 살펴보면 일간 갑목을 기준으로 왼쪽에는 기토가, 오른쪽으로는 신금 두 개가 나란히 놓여 있다. 일명 '신신 병존'. 같은 기운끼리 붙어서 위치하고 있으면 병존이라 불린다. 병존은 같은 기운끼리 뭉쳐 있는 형국이라 힘이 곱절로 강해진다. 재성 다음으로 나에게 강한 기운은 관성이다.

그렇다면, 내 삶에서 관성은 어떻게 쓰였을까? 나에게 관성은 '활동의 근거'다. 관성은 먼저 언급했듯이 나에서 벗어나 타자와 우리를 사유할 수 있는 힘이기에 공적·사회적으로 시선이 뻗어 가는 힘이다.

왜 태어났을까? 어떻게 살아야 할까? 태어난 존재라면 누구나 한 번쯤은 하게 되는 질문이다. 중학생 때까지는 훗날 내 모습을 상상할 때 직업을 떠올렸다. 장래희망에도 당연히 직업을 썼다. 변호사가 되지 못한 아버지 영향인지 중학생 때까지는 멋있고, 돈도 많이 벌 수 있는 인권 변호사를 썼다. 고등학생 땐 어떤 직업을 가진 사람이 아니라, 어떻게 살고 싶은지에 대해 자주 생각했다. 무엇보다 그 시절에 만났던 선생님들 영향이 컸다.

내가 다녔던 고등학교는 새로 생긴 신도시에 지어진 학교였는데, 전국에서 전교조 선생님이 가장 많은 학교로 『조선일보』에 기사가 난 적도 있다. 고등학생 때, 선생님들과 가깝게 지냈다. 선생님들한테 듣는 이야기에 귀가 쫑긋 세워졌다. 대학 시절 운동했던 이야기, 한국 사회에서 일어나는 일, 교사회 이야기, 심지어 현재 우리 학교에서 일어나고 있는 일까지도 말해 줬다. 이명박 정부 때라, 공교육 환경에 변화가 많았던 시기이기도 했다. 선생님들과 같이 신문을 읽고, 독서 모임도 하고, 주말에도 자주 만나서 놀았다. 집회도 가고, 강의도 들으러 다녔다. 심지어 수능 당일에도 수능 시험을 치고, 박원순 변호사 강의를 들으러 간 기억이 난다. 덕분에(?) 나는 이상한 착각도 했는데, 대학생은 공부하는 사람이 아니라 사회 운동하는 사람, 대학은 사회 운동을 마음껏 할 수 있는 장소라 생각했다. 대학에 적응 못했던 이유 중 하나이기도 하다.

처음에는 학교 선생님, 신문, 책이 주는 영향으로 사회 문제에 관심이 많다고 생각했다. 그런데 생각해 보니, 내가 거기에 적극적으로 관심을 쏟고 있었다. 고등학교 생활기록부에도 '사회 문제에 관심이 많고, 활동에 즐거움을 느낌'이라고 쓰여 있었다. 대학에 원서를 넣을 때도 친구들은 다양한 분야에 관심을 뒀는데, 나는 사회·정치에만 관심이 있어 담임 선생님, 부모님과 따로 이야기 나눴던 기억도 난다. 인문대에도 원서를 넣었으면 좋겠다는 부모님 권유로 형식상 프랑스어 학부에 원서를 냈는데, 그 이유도 단순했다. '프랑스는 혁명이다!' 그래도 대학을 정말 그쪽으로 갈 줄이야…. 꿈에도 몰랐다. 대학을 졸업하고 어떤 일을 할지 결정할 때도 자연스럽게 시민·사회단체에서 활동하는 방향으로 흘러갔다.

어떤 일을 할 때 내게는 사회적인 이유, 동력이 필요하다. 나에게 재성이 활발한 활동성이라면, 관성은 활동에 불씨를 제공하는 힘이다. 시민단체에서 일할 때도, 지리산으로 이사를 갈 때도, 〈감이당〉에 올 때도 개인과 가족 등 가까운 관계 너머 사회적으로 역할을 하고 싶은 마음이 크게 있었다. 연·월간에 꼭 붙어서 자리하고 있는 관성 두 개의 영향이다.

뾰족하고 엄격한 바늘

나는 누가 봐도 허당에, 잘 흘리고, 물건도 자주 잃어버리고, 덤벙거리는 갑목이다. 그렇지만 신금이 발동하는 영역이 있다. 예를 들면, 어릴 때부터 글씨는 정자로 또박또박 써야 마음이 편했다. 누가 시키지도 않았는데 어릴 때 혼자 글씨체 연습을 했다. 내 다이어리나 글씨를 본 사람들은 매번 놀란다. "어머! 이거 네 다이어리니? 네가 쓴 거 맞니?" 학교 다닐 때, 노트 필기도 수업 시간엔 연필로 휘리릭 필기를 하고, 쉬는 시간에 볼펜으로 또박또박 다시 필기를 옮겨 썼다. 번거롭지만, 그렇게 해야 마음이 편했다. 비슷한 맥락으로, 물건도 분류, 정리가 되어 있어야 편하다. 먼지가 쌓이고 더러운 건 아무렇지 않지만, 뒤죽박죽 질서 없이 물건이 놓여 있는 건 참을 수 없다. 내 영역이라 생각되는 공간이면 물건부터 분류하고 정리한다. 깨봉에서 주방 매니저를 할 때도 제일 먼저 한 일은 물건 정리였다. 명료하게 질서화되는 걸 좋아한다.

뭐든지 잘 쓰면 약이지만, 못 쓰면 독이 된다. 천간에 자리한 바늘 두 개, 신금은 나를 살리기도 했지만 괴롭게도 했다. 자기만의 프레임이 견고한 금 기운은 조직 안에서 유독 날카롭게 빛났다. 내 기준에서 벗어나 오류가 생기거나 틈이 생기는 걸 견디지 못했다. 특히 조직이나 단체에서 내가 사용하는 도구는 신금을 상징하는 뾰족한 바늘이다. 바늘 눈으로 세밀하게 보기 때문에 논리적이고 비판적이며 완고한 모습으로 나타났다.

며칠 전, 방 정리를 하다 편지를 모아 놓은 상자를 열게 됐다. 이런저런 편지를 살피다 고등학생 때 친구들이 써 준 롤링 페이퍼를 읽었는데, 적혀 있는 글의 70%는 화와 짜증을 내지 말라는 말이었다. 학생일 땐 학교에서 매번 어떤 역할을 맡으며 지냈는데, 책임감을 느끼면 무거워졌다. 지금 돌아보면 웃기고 귀엽지만, 그땐 예민했다. 친구들이 수업 시간에 자고, 자습 시간에 떠드는 걸 이해할 수 없었다. 화를 많이 낸 기억이 난다. 누구나 책임을 느끼면 무거워지기 마련인데, 나는 한 발 더 나아가 내 기준을 친구들에게 많이 강요했다. 남들은 소풍 때 영화관이나 놀이동산을 가는데 우리 반은 등산을 가야 하고, 학교 행사 때는 꼭 1등을 해야 하고, 뭘 하든 꼭 다 같이 해야 했다. 시민단체에서 활동할 땐, 말과 삶이 다른 사람들의 모습을 보곤 비난하고 비판했다. 최근까지 머물렀던 곳에서도 운영 방식에 빈틈이 보여 그걸 붙잡고 또 씨름했다. 빈틈을 해결하고, 당장 바꿔야 한다며 주변 사람을 괴롭혔다.

예전부터 궁금했던 질문이다. 나는 왜 유독 조직 안에서 빈틈이 보이면 예민해지고, 원리 원칙을 내세우며 따질까. 이런 내가 답답해서 분석하고, 분별하는 태도에 대해 에세이를 쓰기도 했다. 몇 번의 사건을 겪으며, 내가 갖고 있는 이런 태도가 싫었는데, 사주를 보니 이해가 된다. 나에게 관성인 신금은 자기가 만든 프레임이 완벽하기를 바라는 마음으로 작동하기 때문이었다.

목마른 나무, 물을 만나다!

사주 공부를 하며 생명에게 중요한 건 무엇보다 '순환'이라는 걸 배웠다. 봄, 여름, 가을, 겨울 순으로 흐르는 계절처럼, 새싹이 올라오면 꽃을 피우고 열매를 맺어 다시 땅으로 돌아가는 작물처럼, 생명은 흘러야 한다. 통즉불통通則不痛, 불통즉통不通則痛! 통하면 아프지 않고, 통하지 않으면 아프다. 사주명리 수업 첫 시간에 도담 선생님이 하신 말씀이 떠오른다. 손톱으로 손등을 긁으면 지금 당장은 아무 이상이 없지만, 10년 동안 같은 곳을 계속 긁으면 어떻게 될 것 같냐고 물으셨다. 당연히 피가 나고 아프지 않을까? 우리 습관도 마찬가지이기 때문에 한곳만 긁지 말고, 여기도 긁고, 저기도 긁으면서 살아야 한다고 말씀하셨다.

사주공부를 하면서 지나온 역사를 한번 되짚어 보니, 내가 사건을 어떤 패턴으로 겪어 왔는지 새롭게 보였다. 비겁을 시작으로 식상, 재성, 관성을 거쳐 인성에서 다시 비겁으로 이어지는 순환고리의 어딘가가 막혔기 때문이다.

인생에서 기억에 남을 만한 큰 사건은 주로 관성의 마디에서 발생했다. 살펴보니 고난을 겪을 때마다 '왜 힘든지, 어떻게 해결해야 하는지, 나에게 어떤 게 필요한지' 등등 어려움을 천천히 살피고 고민하는 태도보단 피하고, 넘겨 버리는 태도를 취했다. 내가 원하는 대로 상황이 이뤄지지 않으면 바깥을 향해 비난하고, 머물던 곳을 떠나는 방식으로 삶을 살았다. 장소만 바뀌었지, 다른 곳에서도 어려움을 마주했을 때 내가 보이는 행동은 같았다. 비겁에서 식상을 거쳐, 재성, 관성까지 흘러갔지만, 관성에서 인성을 통과하는 마디를 제대로 겪지 못한 셈이다. 인성은 배움과 지혜, 사건을 통찰하는 힘으로 상징된다. 실제 사주에 수水 기운, 인성이 없으니 차분하게 사건을 들여다보고 사유하는 힘을 더 못 쓰지 않았을까?

비겁을 시작으로 인성까지 잘 흘러가면 순환의 고리는 다시 비겁을 향해 움직인다. 한 마디를 제대로 밟은 비겁은 이전과는 다른 존재로 탈바꿈한다. 존재는 또 새로워지는 법이다. 사주명리에서는 생명은 이렇게 매번 순환하며, 새로운 존재로 거듭나야 한다고 말한다. 그게 생명이 지닌 힘이기도 하다.

'궁즉변窮則變, 변즉통變則通, 통즉구通則久.' 궁하면 변하고, 변하면 통하고, 통하면 오래간다. 몸과 마음은 궁하면 변화를 찾아 몸부림치게 된다. 몸과 마음이 아프고 도통 어떻게 살아야 할지 모를 때, 〈감이당〉&〈남산강학원〉과 공부를 만났다. 요즘 내 일상의 동선은 공부와 공부하는 공간, 공부하는 사람으로 채워져 있다. 주변 곳곳에 인성이 흘러넘치는 중이다. 특히나 나무한테 물은 중요한 요소 아닌가. 적당한 물이 들어오면 나무 기둥은 두꺼워지고, 뿌리도 튼튼해져 나무는 넓어지고, 힘차게 하늘을 향해 뻗는다. 앞으로 삶이 어떻게 펼쳐질지 기대된다. 갑목, 숲을 이루는 날까지 뻗어 나가자!

사주명리, 강을 건널 수 있는 뗏목

공부와는 큰 인연이 없던 내가, 공부를 해보겠다며 마음먹은 것도, 때마침 〈감이당〉&〈남산강학원〉에 온 것도, 모든 게 다 신기하다. 사주 공부를 하고 나서 보니 그 해는 딱 대운이 바뀐 해였다. 운명의 때가 변하니 마음의 방향도, 머무는 공간도 바뀌었다. 때와 의지가 합쳐지니 삶은 또 다른 방향으로 향했다.

우연히 처음 마주한 공부가 사주명리였으니, 얼마나 복 받은 삶인가! 모든 공부가 그렇겠지만 특히 사주명리는 공부와 글쓰기 입문으로 참 좋은 학문이라 생각한다. 목, 화, 토, 금, 수 다섯 글자, 오행의 운동성만 알면 그 기호를 바탕으로 나를 탐구할 수 있다. 매일 조금씩 읽고, 친구들과 저녁마다 사주로 수

다를 떨었다. 엉성하지만 사주를 읽으며 나를 관찰하는 재미가 쏠쏠했다. 천천히 '나'라는 존재를 알아갈수록, 누군가에게 내가 겪은 역사와 나라는 사람에 대해 가감 없이 이야기할수록 딱 그만큼의 해방감을 느꼈다.

더군다나 사주 공부에 흠뻑 빠질 수 있었던 가장 큰 이유는 언제부턴가 지긋지긋하게 느껴지는 내 모습 때문이었다. "언제까지 이렇게 살 거야?" 어릴 적 꿈꿨던 내 모습과 성인이 된 나는 전혀 다른 모습으로 살아가고 있었다. 활기차고 즐겁게 사는 나를 꿈꿨지만, 현실 속에선 때때로 느끼는 무력감에 기분이 우울했고, 관계는 원만하지 않았고, 언제부턴가 몸도 일상생활이 힘들 정도로 움직일 수 없게 되었다. 몸이 아프고 나니 정신이 번쩍 들었다. 타고나길 건강했기 때문에 내가 몸을 못 움직일 거라고 생각해 본 적이 없다. 몸이 아플 때도, 아픈 것보다 더 이상 아무것도 못한다는 게 더 끔찍했다. 해야 할 일이 있으니 수액을 맞고, 일을 하고, 또 뻗고, 또 병원을 가고…. 이 패턴을 한동안 반복했다. 3년이 지나니 삶이 기괴하게 느껴졌다.

모든 고통은 무지無知에서 온다는 부처님 말씀이 떠오른다. 모르기 때문에 아프고, 괴롭다. 괴로움의 원인을 아는 것만큼 기쁜 일이 있을까. 사주 공부를 하면서 이유를 천천히 찾았다. 어려움을 겪을 때마다 남 탓, 상황 탓을 하는 내 태도에서 '무기력'이란 마음이 생겼고, 높은 잣대로 사람을 비난하는 태도 때문에 관계는 원만하지 않았다. 마음이 편하지 않으면 잘 먹지 않고, 쉬지 않고 일을 했기에 몸이 아팠다. 공부를 하며 하나씩 짚어 보니 모든 일의 원인은 나에게도 있었다. 괴로움의 원인이 나에게 있다는 건, 내가 방향을 틀기만 하면 이전과는 다르게 살 수 있다는 말이기도 하다. 무엇보다 외부를 탓하는 마음 반대편엔 나에 대해서도 원망하고 자책하는 마음이 크게 자리하고 있었다. '내가 이 정도밖에 안 되는 사람인가?' 나에 대해 이해한 만큼 나 자신과 화해했다. 사주명리를 통해 나를 탐구하면서 이제 다르게 살 수 있다는 자신감과 힘을 받았다.

내 모습이 지긋지긋하거나, 사는 게 어렵거나, 망망대해 위에서 갈피를 못 잡고 헤매고 있다면, 그런 상황을 건너기 위해 뭐라도 붙잡아야 한다. 그런 점에서 사주명리는 내 안에 어떤 습속과 패턴이 박혀 있는지 알아낼 수 있는 뗏목으로는 제격이다. 일단 쉽고, 명료하다. 오행이라는 다섯 가지 코드로 존재를 해석할 수 있다니 놀랍지 않은가?

그리고 무엇보다 재밌다! 내가 사주를 즐겁게 공부할 수 있었던 이유는 '함께' 했기 때문이다. 친구들과 함께 둘러앉아 서로의 사주를 살피고, 해석하며 서로의 내밀한(^^) 이야기를 나누다 보면 저절로 마음이 편안해졌다. 나만 '찌질'하게 살아온 게 아니었다는 사실에 자신감이 생기고, 말하고 나니 내가 겪은 게 별일 아니었다는 안도감을 느끼기도 했다. 그래서일까, 사주명리에 대해 나눌 장이 있으면 사람들에게 꼭 하는 말이 있다. "공부하고 난 후엔 꼭 옆 사람과 이야기 나누고, 힘이 된다면 꼭 글을 써 보세요!"

"산전수전을 다 겪은 다음엔 반드시 그것을 삶의 지혜로 바꾸는 훈련이 이뤄져야 한다. 아무리 커다란 역경을 겪어도 그것을 배움의 과정으로 변환하지 못하면 모든 것은 그저 산산이 흩어질 뿐이다. 아니면 평생 원망과 분노를 안고 살아가거나. 고난과 역경을 '삶의 기술'로 변주하기 위한 최고의 과정이 바로 이 '누드 글쓰기'다. (강보순·고미숙 외, 『몸과 삶이 만나는 글, 누드 글쓰기』, 북드라망, 2022, 33쪽)

하나는 확실하다. 말하고 난 이후엔 써야 한다. 엉킨 실타래를 풀기엔 글쓰기만 한 게 없다. 뒤죽박죽 엉켜 있는 무형의 생각은 유형의 물질로 드러내야 명료하게 볼 수 있다. 명료하게 보이면, 어느 쪽으로든 방향을 틀 수 있다. '누드 글쓰기'라는 이름처럼 자기를 홀가분하게 벗겨 내는 만큼 존재는 더 가벼워진다. 내가 사주명리를 공부하며 기쁨을 느낀 것처럼, 다른 사람들도 꼭 이 기쁨을 맛봤으면 좋겠다.

을유, 칼을 품은 풀은 어떻게 사는가

김주란

시	일	월	연
甲	乙	甲	己
申	酉	戌	酉

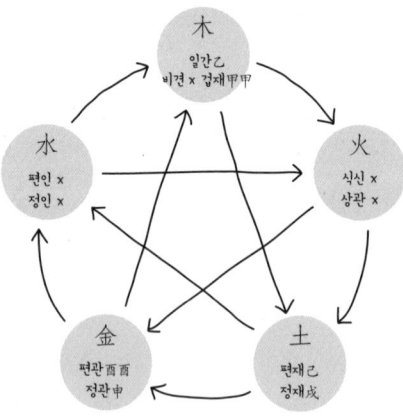

운명 탐구, 시작은 흑역사

기왕 누드 글쓰기니 일단 벗고 시작해 볼까? 나의 흑역사를 하나 털고 가겠다. 작다면 작지만 나 자신은 입 밖에 내기는커녕 머릿속에 떠올리기도 싫은 에피소드. 그것은 청춘의 불안과 운명에 대한 호기심, 무지의 합작이 초래한 사건이었다. 언제였던가? 더 어렸을 때길 소망하나 불행히 나름 머리 굵은 대학 시절이었다. 그때 나는 스스로를 사회 비판 의식과 따스한 인류애로 가득 차, 이 세계에서 어떻게 살아야 할지 진지하게 고뇌하는 청년이라 믿어 의심치 않았다.

그 진지한 고뇌의 시간 속 어느 날 신문 구석에 실린 광고가 눈에 들어왔다. 대충 "신비한 서양 점성술, 별자리. 당신의 운명을 알려 드립니다" 식의 내용이었을 것이다. 집에 아무도 없는 시간을 기다렸다. 그리고 마침내 전화기를 들고 적혀 있는 번호를 꾹꾹 눌렀다. 떨렸다. ARS식 기계음이 들려왔다. "여덟 자리 생년월일을 입력하십시오." 기계음을 따라 생일을 입력하니 "당.신.은.전.갈.자.리.입.니.다." 운운의 신비스러운(?) 정보가 흘러나왔다. 나는 한마디도 놓치지 않도록 전화기에 귀를 눌러 대고 있었다. 기계음은 다음 단계로 다음 단계로, 넘어갔다. 단계마다 어떤 선택을 했는지, 그 결과 어떤 답을 들었는지는 전혀 기억나지 않는다. 흑역사라 자체 소거했을까? 그것도 분명 하나의 이유다. 하지만 그 기계음이 들려주는 말들은 소리도 내용도 선명하게 잡히지 않았다(그러면 관뒀어야지!).

뭔가 들려주긴 하는데 내가 못 알아듣는 건지, 다른 번호를 선택하면 다른 결과가 나오는지 아리송했다. 그래서 몇 번 더 남몰래 전화를 걸었다. 불안했을 것이다. 그때 그 청춘은. 몇 달 후 오빠(사이가 썩 좋지 않았던 때였다)가 전화요금 고지서를 휘두르며 외쳤다. "누가 국제전화를 이렇게 오래 쓴 거야?" 마침 집에 있던 나는 그 순간 찌르르 알게 되었다. 아, 그 길고 이상한 번호. 그게 해외로 거는 번호라 그런 거였구나. 그 신비한 운명의 정보는 막대한 전화요금을 청구했다. 요금이 14만 원이었던가? 한 달 과외비가 10만 원이었던 시절이었다. 돈보다 나의 불안, 나의 어리석음을 식구들에게 들킨 게 충격이었다. 세계와 자신은커녕 국제전화번호인지도 모르는 헛똑똑이. 그때 "쥐구멍이 있다면 들어가고 싶다"는 속담을 진실로 체감했다. 내 존재가 어찌나 쪼그라들었는지 쥐구멍에 들어가는 데 아무 문제가 없을 터였다.

오빠는 몰랐을 것이다. 필사적으로 아무렇지 않은 척, 웃으며 얘기했으니까. "그거 내가 한 건가 봐. 이런 게 있어서 심심풀이 삼아 걸어 봤는데 국제전화인 줄 몰랐네. 요금은 다음 달 알바비 받으면 내가 낼게!" 꽤 솔직한 진술이었다. 거짓말 안 하는 사람. 이건 내 자존심에서 상당한 지분을 차지하므로. 하지만 결정적인 부분을 숨겼다. 심심풀이가 아니었다. 절실했다. 그건 정말 들키기 싫었다.

사기당한 기분이었는데, 사기라고 할 수도 없었다. 내가 무지했을 뿐. 내가 불안했을 뿐. 나는 내가 부끄러웠다. 오랫동안 나는 이 일을 떠올리는 걸 극력 피했다. 광고에 홀려 어딘지도 모르는 데에다 '운명'을 묻다니, 이 얼마나 자신감 없고 세상물정 모르는 애송이 같은 짓인가! 청춘은 자신에게 더 가혹하게 구는 법이다. 무엇보다 그땐 누구나 존재의 불안을 안고 산다는 걸 몰랐다. 나만 그런 줄 알았다. 나는 누구고 어떻게 살아야 할 것인가? 이 질문이 청춘을 지나고 아이를 낳고 중년이 된 지금도 계속 될 거라는 걸 알았더라면 그렇게 부끄럽지만은 않았을 텐데! 운명 탐구엔 죄가 없다. 바른 길을 몰랐을 뿐. 그래서 지금 나는 이 글을 쓰고 있다. 자신을 위해, 그리고 그때의 나를 위해, 나와 전혀 다르지 않은 미지의 독자들을 위해.

운명을 공부하라

첫 시도는 흑역사로 남았지만, 다행히 운명에 대한 관심은 꺾이지 않았다. 무지와 불안의 콜라보를 해체하려면 알 수 있을 만큼은 알아봐야 하지 않겠는가? 하지만 또 당할 수는 없다. 이럴 때 가장 신뢰할 수 있는 정보원은 책이다. 도서관에서 명리학 서적을 빌려 왔다(몇 년의 시간이 흐른 후였다). 이때부터 내게 운명은 정체도 모를 누군가에게 묻는 것이 아닌, 스스로 공부할 수 있는 주제가 되었다.

놀랍게도 사주는 의외로 어렵지 않았다. 사주를 알기 전 숫자에 불과했던 생일(정확히는 생년월일)이 운명을 푸는 암호였다. 사주는 그 숫자들을 '간지'로 변환한다. 갑을병정무기경신임계 10천간과 자축인묘진사오미신유술해 12지지의 조합인 간지는 숫자로만은 표현할 수 없는 다종다양한 정보 체계다. 그리고 십신과 육친. 명리는 오행의 상생상극을 확장해서 성격, 기호, 몸의 기질, 직업 등은 물론 나아가 가족과 친구 관계, 연애와 결혼에 자식복, 공부복 등을 해석할 수 있는 십신과 육친이라는 체계를 발명했다. 그리하여 사주팔자 달랑 여덟 글자로 우리의 욕망과 그것이 펼쳐지는 현장을 모두 그려 내는 것이다.

사주가 알려 주는 정보에 따르면 나는 술월—양력 11월. 늦가을이다—에 태어난 을목이다. 을목은 작은 꽃나무나 풀,

혹은 덩굴 식물이다. 같은 목이지만 양기의 나무인 갑목이 위로 쭉쭉 솟아오르기를 좋아하는 반면, 음기의 나무인 을목은 줄기를 뻗으며 옆으로 번지기를 좋아한다. 갑목이든 을목이든 목의 기운을 가진 사람은 성장의 욕구가 강한 휴머니스트라고 한다. 갑목은 허허벌판에 우뚝 선 나무처럼 눈에 잘 띄고 또 그런 상황을 편하게 여기는 반면, 을목은 앞에 나서기보다는 주변과 어우러져 있는 걸 좋아한다. 대신 난관에 부딪칠 때 부러지기 쉬운 갑목과 달리 을목은 넝쿨처럼 유연하게 넘어간다고 한다. 흑역사는 기억하기 싫지만 호기심은 버리지 않는 식으로 말이다.

을목을 대표하는 키워드 중 하나는 생존력. 성장 의지나 유연성은 몰라도 생존력이라니 폼이 좀 안 나지 않나? 처음 사주를 공부할 때는 생존을 위해 동지와 신념을 배반하는 사례들이 떠올랐고 왜 하필 생존력인가 하는 싫은 마음이 들었다. 하지만 나는 을목으로서, 을목의 생존력을 이렇게 강변하고 싶다. 을목은 삶 자체에 집중하고, 생명의 활기를 사랑하며 그 외 부수적인 것들에 대한 욕망이 적을 뿐이다. 큰 키도, 고운 꽃도, 실한 열매도 을목에게 부차적인 것이다. 그래서 을목은 가볍다. 차 떼고 포 떼고 맨몸으로 상대하는 사람의 가벼움이다. 그 가벼움으로 인해 어떤 상황이든 저항 없이 받아들인다. 바람이 불어도, 땅이 척박해도 좌절하지 않는다. 이제 나는 내가 을목이라는 사실이 퍽 맘에 든다.

운명을 공부하면서 비로소 알게 된 것, 그리고 지금도 계속할 수 있는 동력이 바로 이것이다. 운명은 주어진 것이자 만들어 가는 것이다. 기본 코드는 주어진다. 해석과 용법은 만들어 가는 것이다. 이걸 연결해 가는 게 운명의 공부다. 그게 아닌 방식은 흑역사만 더할 뿐이다.

불필요한 짐을 버리고자 하는 태도는 그게 삶에 이롭다는 직관적 판단에서 비롯한다. 근데 적절한 예의나 장식을 요구하는 사회에서 이런 태도는 약간의 불협화음을 만들기도 한다. 사실 나는 오빠와 남동생 사이에 태어난 '고명딸'이다. 떡국에 올리는 고명처럼 하나뿐인 딸은 예쁜 장식처럼 여겨진다고 해서 이런 별칭으로 불린다. 엄마는 그런 딸을 예쁘게 꾸미고 싶어 했지만 막상 나는 그런 성향이 아니었다. 엄마가 프릴이 달린 블라우스나 귀여운 치마 등을 고르면 나는 조용히, 그러나 꿋꿋하게 밀어냈다. 몇 년 전까지도 엄마는 "예쁠 때 멋 부리고 다녀라"는 말을 하곤 했다. 엄마는 멋없고 애교 없는 딸에게 아쉬움이 있었던 것 같다. 내 대답은 퉁명스럽다. "엄만 아직도 딸을 몰라?" 말대답은 꼬박꼬박 하지만 엄마의 아쉬움을 감지할 때마다 자신감이 살짝 주저앉는다. 패션이나 화장의 문제는 아니다. 애교까진 싫지만 다정하고 싹싹한 성격이면 나도 주변에도 더 좋았을 것이다. 그런데 나는 싹싹은커녕 쑥스러움 많고 뻣뻣한 쪽이다. 가만 있자, 화초와 덩굴──을목은 본디 유연하고 생기롭지 않은가? 근데 난 왜 이 모양이지?

을유(乙酉) 1 — 바위 틈에 자라는 풍란

이 모순에 대한 의문은 지지를 보면 풀린다. 나는 을유다. 유금은 만물의 에너지가 수렴되는 기운이다. 목화토금수 오행 가운데 금, 금 가운데서도 더 고도로 압축되고 제련된 기운이다. 유금에 해당하는 물상으로는 가파른 벼랑이나 예리한 메스, 경도 높은 보석, 발효주나 약 등이 있다.

사람도 자란 환경에 따라 성격이 다르듯 을목도 앉은 자리에 따라 천양지차다. 을묘는 같은 목 기운(묘목)을 만나 기세가 짱짱하고, 을사는 화려한 꽃(사화)으로 자신을 드러낸다. 을유는 깎아지른 절벽(유금) 틈에 자라난 풍란에 비유되곤 한다. 남 보기에는 고고한 모습일지 몰라도 속사정을 들여다보면 처지가 참 팍팍하다. 마침 우리 집에도 풍란이 몇 분 있다. 애들에겐 직접 물을 주는 대신 스프레이를 해줘야 한다. 영양과 수분을 흡수할 수 있는 토양에 깊게 뿌리를 내린 다른 식물들은 물을 주면 달게 먹고 쑥쑥 자란다. 하지만 돌에 붙은 풍란은 물을 줘 봐야 받아먹질 못한다. 그러니 크는 둥 마는 둥 자라는 속도도 변변찮다.

을유 일주인 내 삶의 전략은 풍란과 닮은 데가 있다. 풍란처럼 나도 필요한 게 많지 않다. 사실 명리를 공부하기 전엔 나는 그런 내 성향을 선善의 증표쯤으로 여겼다. 이제 보니 내 생리에 맞는 생존 전략이었다. 난 지금도 그렇지만 어릴 때도 "괜찮아!"라는 말을 자주 했다. 오빠가 스케이트를 원할 때도 "난 괜찮아", 동생이 자전거를 갖고 싶어 할 때도 "난 괜찮아" 그랬다. 자꾸 사양하고 거절하다 보면 권유받는 일도 적어진다. 그것도 괜찮았다. 거절도 미안하니까. 그러면 재빨리 덧붙인다. "필요하면 말할게요." 근데 뭔가가 더 필요한 경우는 좀체 생기지 않았다. 주어진 것만 해도 늘 넉넉하다고 느껴졌다. 커서 보니 우리 집 형편이 그렇게 좋았던 것만은 아니었다. 하지만 나에게는 더 바랄 게 없는 환경이었다. 아이러니하지 않은가. 유금 위의 을목은 객관적으로 몹시 힘든 처지에 놓여 있다. 그런데 막상 본인은 모자라는 게 없다고 느낄 수도 있는 것이다. 물 대신 안개, 거름 대신 돌에서 얻은 미량의 영양소만으로도 살아가는 데 부족함이 없기 때문이다. 지족^{知足}의 아이콘이다. 그런데 이렇게 쓰자니 우리 집을 뿌리내릴 데 없는 바위라고 말한 셈이 되어 찔린다. 사실은 집이 바위 같아서가 아니라, 내가 집을 바위처럼 대한 것이라고 말해야 옳다. 그래서 을목인데도 귀엽지 않다. 물기를 담뿍 머금은 연두색 새 잎, 칭얼거리는 아이의 통통한 볼살에서 보이는 연한 말랑함이 없다. 을목은 생기롭고 유연한 기운임에 분명하지만 버전은 다 다르다. 을유의 생명력은 높고 크게 자라는 대신, 필요를 최소화하여 생존하는 환경적응력으로 발현된다.

어릴 적 푹 빠져 읽었던 이야기도 모두 그런 주제들이었다. 『보물섬』, 『15소년 표류기』, 『집 없는 아이』, 『닐스의 이상한 모험』 등등. 주인공은 모두 아이들이지만 귀엽긴커녕 산전수전 다 겪는 노숙아(?)들이다. 그렇다고 대단한 용기가 있는 것도 비극적인 운명을 걸머진 것도 아니다. 대개는 쉽게 겁을 집어먹고, 다른 이들에게 폐를 끼치기도 하고, 어처구니 없는 실수도 저지르는 보통 아이들이다. 하지만 이들이 마른 빵 조각을 먹고 나무 둥치 아래 잠들 때 나는 그 빵과 잠이 세상에서 가장 맛있고 단 것임을 느낄 수 있었다. 믿었던 어른에게 속거나, 자신에게 실망하거나, 추위와 배고픔에 떨더라도 고된 하루의 끝은 단잠이다. 다음 날은 또 다른 하루가 시작된다. 이들이 어떻게 먹을 걸 마련하고, 식사를 준비하고, 짐을 정돈하고, 잠자리를 찾는지가 나는 너무 흥미진진했다. 용사나 위인의 모험담은 먼 나라 얘기 같았지만 이 아이들 이야기를 읽으면 나도 당장 길을 떠나고 싶었다. 그런 나머지, 얘기 끝에 이들이 따스하고 넉넉한 집과 가족을 얻게 되면 맥이 빠지는 기분까지 들었다.

이 이야기들이 나를 그토록 사로잡았던 이유를 이제 알 것 같다. 을유는 세상을 절대 핑크빛으로 볼 수 없는 구조다. 풍요는 자신을 더 위태롭게 한다는 것은 본능적으로 안다. 극한 상황은 언제든 일어날 수 있다. 그 긴장과 위기의식은 을유를 더 을유답게 만든다. 하지만 자신에게 내재된 긴장감으로 인해 주변과 불화할 때 을유는 자신이 싫어진다. 이야기 속 주인공들은 위기를 겪지만 위축되지 않는다. 주변을 불편하게 만들지도 않는다. 나는 그들이 풍파 속에서도 기쁨과 용기를 잃지 않는 장면과 어디서든 친구를 만들되 우정도 배신도 다 겪어 내는 모습에 깊은 안도를 느꼈다. 나도 그런 삶 속으로 뛰어들고 싶어서 몸이 근질거렸다. 을유, 바위 틈에 자라는 풍란에게 적합한 조건은 기름진 토양과 넉넉한 물이 아니라 비바람에 노출된 자연환경이었던 것이다.

을유(乙酉) 2 — 풀과 칼

대학 때였다. 연말쯤 동아리에서 서로에게 메시지를 남기는 롤링페이퍼를 한 적이 있다. 내가 받은 종이 한 귀퉁이에 "너는 어딘가 푸른 죽창 같다" 운운의 말이 적혀 있었다. 맥락상 비난보다는 호감에 가까운 표현이었는데 그래도 가슴이 철렁 내려앉는 기분이 들었다. 글씨체로 보아 누가 쓴 건지 단박에 눈치챘다. 사실 그 친구야말로 예리하고 섬세한 성격이어서 피식 웃음도 나왔지만 꽤 오랫동안 그 말이 잊히지 않았다.

스스로 생각하는 나는 을목 그 자체, 어우렁더우렁 들풀처럼 함께 연대하며 사는 그런 사람이다. 그런데 죽창이라니. 나 그런 사람 아니라고 부인하고 싶었지만 사실 나는 내 속에 날카로운 칼 같은 게 있다는 걸 감지하고 있었다. 지지 가운데 신금이 도끼라면 유금은 메스다. 그만큼 시비분별을 매섭게 할 가능성이 높다. 나는 그냥 을유가 아니다. 나의 지지는 금 중의 금, 유금이 두 개에 신금, 술토로 이뤄져 있다. 술토는 토이지만 신유술이 모이면 3종 세트처럼 방합을 이뤄 금국을 완성한다. 게다가 나의 금들은 관성에 해당한다. 관성은 통제하고 지배하려는 욕망이다. 그 대상은 일차적으로는 나 자신을 향하고 다음으로는 내가 속한 공동체를 향한다. 분별은 실제를 있는 그대로 아는 힘이다. 그런데 자칫 통제 욕구와 결합하면 일방적으로 내 기준을 강요하며 칼을 휘두를 수도 있다.

내가 운명에 대해 알고 싶어진 것도 이런 성향과 무관하지 않다. 나는 을목이니만치 기본적으로는 긍정적인 편이다. 그런데 뜬금없이 이상적인 기준을 추구할 때가 있다. 유금은 가장 무르익은 열매, 정교하게 세공된 보석, 날카롭게 벼려진 칼이므로 매우 높은 수준의 기준을 요구한다. 높은 완성도와 가치, 그 자체는 훌륭하다. 문제는 그 기준에 맞지 않는 것은 가차 없는 비난의 대상이 된다는 것이다. 제대로 못할 것 같은 일은 시작도 하지 못하는 상황이 벌어질 수 있다. 높은 기준이 삶을 옥죄는 형틀이 되어 버리는 것이다. 이럴 때 운명을 읽을 줄 안다면 얼마나 좋으랴. 운명의 두루마리에 뭐라고 쓰여 있는지 확인하고 따르면 된다. "너는 그 기준에 부합하는 인간이니 앞으로 나아가라!"라거나 "너는 이기적인 인간이니 욕심을 줄이고 조용히 살아라"라는 걸 말이다.

내 어릴 때 꿈은 선생님이었다. 흔하디 흔한 꿈이지만 어린 나에게 선생님은 모든 것을 알려 주고 세상으로 이끌어 주는 이였고, 또 어린이에게 막대한 영향력을 끼치는 존재로 여겨졌다. 그런데 난 초등학교 4학년 때쯤 선생님 되기를 포기했다. 좋은 선생님이 될 자신이 없어졌기 때문이었다. 그때 어린 눈에도 선생님이 예쁘거나 공부를 잘하거나 옷차림이 깔끔한 아이들을 편애하고, 그런 아이들에게 개인 심부름을 시키는 게 보였다. 그렇게 선택받은 아이들은 은근한 자부심을 가지게 되었다. 사실 큰 문제라고 할 건 없었다. 선생님도 맘이 더 가는 애가 있을 테고, 애들이야 선생님이 각별히 대해 주니 자랑스러운 것뿐. 좋아 보이진 않았지만 분노를 한 것도 아니었다. 차라리 이해가 되었달까. 나라고 절대 안 그럴 자신은 없었다. 그래서 나는 선생님이 되지 않기로 했다. 선생님은 진짜 훌륭한 사람이 되어야 하는 일이었으므로. 심지어 대학 때 교육 관련 활동을 계속하고, 강의도 찾아 들었지만 교사자격증은 따지 않았다. 누가 일러 준 것도 아니고 강제한 것도 아닌데 스스로 자신을 향해 유금의 칼을 휘두른 꼴이다.

사주명리를 공부해 보니, 내가 왜 그랬는지 알겠다. 동시에 운명에 내가 좋은 사람이 될 수 있는지 없는지 쓰여 있지 않다는 것도 알겠다. 운명이 알려 주는 것은 내가 풀과 칼의 속성을 가진 사람이라는 사실뿐이다. 서로 대척하는 두 성질은 서로의 발목을 잡을 수 있다. 하지만 따스한 연대의 힘과 예리한 분석력을 자유롭게 구가하는 사람이 될 수도 있다. 명리의 지혜는 분명 후자를 위한 것이다.

인성과 식상이 데려다준 친구들 : 10대 병자(丙子) 대운(상관, 편인)

독사 앞 개구리처럼 얼지 않으려면, 유금의 매서운 눈초리를 이길 힘이 필요하다. 일차적인 대책은 다름 아닌 자기 자신에게서 나온다. 명리에서는 그걸 비겁이라 부른다. 단, 자기가 자기만은 아니라는 것! 명리는 존재에 대해 남다른 통찰을 선사하는데 나는 특히 이 지점에서 감명을 받곤 한다. 나뿐 아니라 형제, 친구, 동료, 라이벌까지 모두 다 비겁이다. 형제·자매간 소 닭 보듯 하는 사이, 나아가 남보다 더한 '웬수'지간도 드물지 않다는 거 안다. 경쟁 관계인 라이벌은 두말할 것도 없다. 그런데 이게 다 나라고? 게다가 내 힘이라고? 그렇다, 명리는 그렇게 단언한다.

보자. 나는 을목이니 천간 중에선 을목, 지지에선 묘목이 오행과 음양이 같은 나의 비견이다. 겁재는 천간의 갑목, 지지의 인목이 된다. 재밌게도 2남 1녀 가운데 둘째인 나의 일간은 두 개의 갑목(나와 음양이 다른 목) 사이에 놓여 있다. 단어의 의미를 풀어 보면, 비견比肩은 어깨를 나란히 견준다는 뜻이고, 겁재劫財는 재물을 겁탈한다는 의미이니 이들은 나의 힘인 동시에 나의 경쟁자가 된다. 특히 겁재는 내 것을 빼앗는 능력이 탁월한(?) 존재이니 나보다 잘나고 경쟁력이 월등한 인자다. 이런 존재에 에워싸여 자라면 어떻게 될까? 둘 중 하나다. 늘 비교당하는 것 같아 주눅이 들고 피해의식에 사로잡히거나 혹은 경쟁적인 상황에 늘 노출되어 있어서 약간의 긴장감은 즐기는 경지에 오르거나. 나와 비등한 존재들은 고로 나를 위축시키거나 나를 단련한다!

예를 들어 같은 밥상이라도 비겁이 없는 사람은 느긋하게 독상을 받아 먹는다면, 비겁이 중중한 사람은 여럿이 둘러 앉아 빠르게 없어지는 반찬 접시 위에서 젓가락을 부딪쳐 가며 먹는 셈이다. 그러니 비겁 많은 사람의 소원은 맛을 음미하며 담소도 나누면서 먹고 싶다는 것. 그들은 외친다. "아, 제발 좀, 천천히 먹으라고! 입으로 들어가는지 코로 들어가는지 모르겠다고." 그러나 대개의 경우 전자보다 후자가 밥맛도 소화력도 좋다는 이 아이러니. 우리는 경쟁을 사회악쯤으로 쉽게 치부하지만 명리에서는 유능함의 인자가 되기도 한다.

그럼 비견은 괜찮다 쳐도 나처럼 겁재에 둘러싸여 있다면 사는 게 너무 팍팍하지 않을까? 사실 겁재는 이른바 '사흉신' 중 하나로 악명이 높다(십신 열 개 중 겁재, 상관, 편관, 편인은 흉포한 성질로 인해 사흉신으로 불린다). 이름은 좀 무섭지만, 명리에 절대악는 없다. 성질이 강하니 순화시켜 써야 한다는 뜻에서 센 이름이 붙었을 뿐이다. 약재도 약성이 순한 것들과 독한 것들은 용량이나 용법을 달리하는 것처럼 말이다. 겁재를 달래서 쓰려면 식상이나 관성이 필요한데, 내 천간에는 식상도 관성도 없다. 그래서인지 한 살 터울인 오빠(겁재)는 어린 나에게 아빠나 엄마보다 왠지 어려운 존재였다. 다행이라면 다행인 게 오빠는 골목대장이라 늘 나가 놀았고, 나는 엄마 껌딱지라 집에 붙어 있었다는 것. 타고난 성격인지 피하다 그렇게 된 건지 분명치는 않다.

내 비겁은 천간에만 있고 지지엔 없다. 그래선지 어릴 때 친구는 책 속에만 있었다. 내게 현실 친구를 데려와 준 건 학교다. 학교는 관성이기도 하고 인성이기도 하다. 학교를 감시와 속박의 장으로 느낀다면 그에게 학교는 관성이다. 그런데 나는 학교 가는 걸 한 번도 싫어한 적이 없다. 교과서도 선생님도 다 좋기만 했다. 그런 내게 학교는 인성 역할을 톡톡히 했다. 그리고 또 나를 구원한 건 식상이다. 식상은 말과 끼다. 식상 없는 나는 춤추고 노래하고 발표하는 건 질색했지만 다행히 이야기를 환장하게 좋아했다. 듣기도 말하기도 다. 수줍음과 어색함을 떨칠 만치. 그래서 어디서든 친구를 얻을 수 있었던 것 같다. 인성이 비겁을 생하고 비겁은 식상을 낳는다. 마침 들어온 식상과 인성 대운의 인도가 있었다(놀랍다!). 운명이란 거창한 게 아니라, 본시 이렇게 소소하고 은밀하게 작용하는 게 아닐까.

지금 생각하면 나는 다양한 친구 관계를 가졌던 것 같다. 학교와 아주 가까운 곳에 사는 친구네 집은 작고 오래된 전파상이었다. 나는 그 친구와 종이인형을 오리고 옷을 갈아입히며 상황극을 펼치는 놀이를 좋아했다. 가게를 거쳐 들어가는 가파른 다락방에서 나이에 걸맞지 않은(5학년 때였다) 인형놀이를 누구의 방해도 받지 않고 즐겼다. 그 친구처럼 진력내지 않고 오래 놀이를 이어 갈 수 있는 아이는 드물었다. 학교와는 거리가 있는 곳에 사는 친구네도 갔었다. 마을을 조금 벗어나 산 중턱에 있는 절이 그 아이의 집이었다. 아버지가 스님이었던 것 같은데 지금 생각하니 놀랍지 그땐 그 모든 게 그냥 자연스럽게 받아들여졌던 것 같다. 인상적으로 남아 있는 건 그 집 툇마루에서 햇살을 받으며 앉아 있던 시간뿐이다. 무슨 얘기를 나누었는지는 하나도 기억나지 않지만, 더듬더듬 속삭이듯 낮고 느리게 얘기하는 시간이 좋았던 것만큼은 선명하게 새겨져 있다. 높다란 담장이 끝없이 이어지는 거리, 잔디 깔린 정원에는 큰 강아지가, 이층집엔 책과 레코드판이 잔뜩 있던 친구도 있었다. 그땐 책 많은 집이 드물었던지라 신기하고도 부러웠다. 담장 높은 집이 즐비한 부자 동네고 옆옆 집인가엔 무슨 신문사 사장이 산다 했다. 예쁘고 똑똑하고 인기 많은 친구였는데 이 친구랑 얘기할 땐 신이 나서 말이 핑퐁핑퐁 빠르게 오갔던 기억이 난다.

전파상도 절도 이층집도 우리 집과는 사뭇 달랐고, 난 어디에서도 약간 낯을 가렸고 안 그런 척하느라 애먹었다. 하지만 친구들과 대화에 빠져들면 곧 그런 불편한 감정에서 벗어날 수 있었다. 중학교도 고등학교도 이전과 멀리 떨어진 곳에 갔지만, 어디나 함께 놀고 먹고 읽고 공부하고 편지와 얘기를 나눌 친구가 생겼다. 친구는 내 자신감의 원천이다. 날 좋아해 준 친구들 덕이기도 하지만, 그보다 내가 의외로 사람을 가리지 않고(?) 좋아한다는 걸 알았기 때문이다. 집에서는 여전히 말 없고, 무뚝뚝한 아이였지만 학교에서의 나는 활발하고 생기 넘치는 사람이었다. 어디에서나 한결같은 사람이 좋은 사람이라고 여겼던 탓에 밖에선 다른 사람이 되는 내가 그땐 좀 마음에 걸렸다. 사주명리를 공부하고서야 시절에 따라, 환경에 따라 달라지는 건 변절(?)이 아니라 당연한 생명 현상임을, 나아가 운명을 제대로 활용하는 것임을 알게 되었지만 아쉽다. 그때도 알았으면 좋았을걸!

어쩌다 국악 : 20대 정축(丁丑) 대운(식상, 재성)

식상은 다음 대운에서도 맹활약했다. 식상이란 내가 낳는 것이다. 우리는 살면서 저절로 많은 것을 생산한다. 말, 노래, 몸짓 등등. 이런 행위들은 목적과 그에 따른 효용성을 지닌다고 여겨진다. 그런데 어린아이나 동물을 보면 별 이유 없이 엄청난 에너지를 쓴다. 그냥 뛰고, 소리 지르고, 왔다 갔다 하고, 울고, 웃는다. 에너지 차원에서 보면 이런 낭비가 없다. 약간 미친 것 같다. 그러니 생명은 본성적으로 낭비를 좋아한다는 말은 진실이다. 별 목적이 없는, 그래서 무의미하고 비효율적으로 보일지라도 식상은 그 자체로 살아 있다는 실감, 생명의 환희다.

    내 대학 시절의 절반 이상은 동아리 활동에 바쳐졌다. 내가 가입했던 동아리는 국악연구회(이하 국연). 사주 원국은 무식상이지만 대운의 영향을 받은 것이다. 원래 염두에 두었던 건 풍물동아리였다. 시절이 시절인지라 집회를 돋뛰우는 사물패가 그렇게 멋져 보였다. 한데 꽹과리 소리를 들으면 귀가 징징 울리면서 아파 왔다(금기가 과다한 나인지라 금속성 소리가 그렇게 작용했던 듯). 학생회관에서 밥을 먹고 나오는데 어디선가 대금 소리가 들려왔다. 피리 부는 사나이를 따라가는 아이처럼 계단을 올라가 보니 학생회관 4층 복도에 돗자리를 깔고 앉아 연습하는 선배들이 보였다. 그 길로 가입한 동아리가 국연이었다. 금기가 많은지라 뭐든 결정할 때 보면 과단성이 있다. 대금 소리를 듣고 갔지만 결국 반한 건 거문고였다. 여학생들은 주로 가야금이나 해금을 선택하는데 나는 거문고 소리의 저음과 몸체를 벼락처럼 내려치는 슬기둥 소리가 좋았다. 신입에게 주어진 건 회색 PVC 파이프를 잘라서 만든 단소였지만. 차츰 정간보 보는 법을 배우고, 방학 때는 합숙 훈련을 하고, 정기 연주회를 하고, 첫 알바비를 모아 거문고도 샀다. 물 흐르듯 자연스럽게 동아리는 내 삶 자체가 되었다.

생각해 보면 어이없는 일이었다. 밤에 라디오를 틀다 국악이 나오면 귀신 나올 것 같다고 얼른 다이얼을 돌려 버리던 내가 난데없이 국악 동아리라니? 무대는커녕 앞줄에 서는 것도 어색해하던 내가 연주회라니? 친했던 친구들이 과 학회나 학교 신문사 등에서 같이 활동하자고 불러 대도 마이동풍이었다. 그렇다고 국연 활동만 했던 건 아니었다. 입학 초부터 국어학반에 들어가 학회 공부도 재밌게 하고, 집회도 쫓아다니고, 과외도 하고, 도시빈민운동하시던 수녀님을 도와 공부방 활동도 했다. 그런 와중에도 내 본진은 무조건 국연이었다. 대체 왜? 무대 체질도 아니고 음악에 취미가 있는 것도 아니고, 연주에 재능이 있는 것도 아닌 내가 그땐 왜 그렇게 홀딱 빠져 있었을까. 국연은 취직이건 공부건 어디에도 보탬이 안 되는 곳이었다. 독재타도 양키고홈을 외치던 20세기 말, 국악은 어떻게 시대와 함께할 수 있을지 시원한 답을 내놓지 못했다.

최루탄, 짭새, 전경, 검문, 보도블럭, 꽃병(화염병의 은어)… 늘 매캐한 최루탄 가루가 공기 속에 떠다니던 그 시절 대학 주변 마을은 집값이 쌌다고 한다. 생각해 보면 엄청난 관성의 시대였다. 하지만 시위 현장에 늘 앞장서는 노래패나 풍물패, 민요연구회 등과 국악연구회는 사뭇 달랐다. 막상 집회에 가면 우리 동아리 사람들도 꽤 많았지만 동아리 차원에서 참여하는 일은 없었다. 시절이 시절인지라 우리 동아리의 성격에 대해 고민이 없지 않았다. 하지만 그런 중에도 틈만 나면 동아리방에 들어가 캐비넷을 열고 거문고를 꺼냈다. 거문고를 타려면 오른손 둘째와 셋째 손가락 사이에 술대를 끼우고 왼손으로 현을 누른다. 술대를 끼운 오른손에도 물집이 잡히고, 현을 누르는 왼손에도 굳은살이 늘 박혀 있었다. 우리는 「영산회상」, 「여민락」, 「취타」 등 정악을 대표하는 곡들을 하나하나 익히고 모이는 대로 합주를 했다. 거문고, 피리, 대금, 가야금, 해금. 기량이 뛰어난 사람도 없지 않았고, 내내 서툰 사람도 더러 있었는데(나다) 이렇거나 저렇거나 간에 연습을 하다 보면 합주가 가능해졌다. 연주회가 다가오면 동아리방의 주인인 원탁을 밖으로 치우고 빽빽히 앉았다. 누구는 오고, 누구는 빠지고 사정에 따라 인원도 들쭉날쭉했다. 악장이 장구채를 잡고 대금이 음을 잡으면 나머지 악기들은 그에 맞춰 조율을 해나간다. 아주 느린 곡에서 시작해 조금씩 아주 조금씩 리드미컬해진다. 이 시간이 그저, 참 행복하고 충만했다. 식상 대운이 끝나자 국악도 거문고도 내 인생에서 썰물처럼 빠져나가 버렸지만, 그 충만함만큼은 생생하게 남아 있다. 20대라 그렇게 푹 빠질 수 있었을 것이다. 그래서 그렇게 또 충만함을 만끽할 수 있었던 것이다. 하지만 명리를 공부하면서 돌아보니 진짜 어이가 없다. 내가 국악을 했다니. 와! 운명이 이렇게 힘이 세다고?

있는데 없다? 있는데 있다! : 30대 무인(戊寅) 대운(정재, 겁재)

내 사주의 특징 중 하나는 천간과 지지의 대치다. 천간엔 목 비겁, 지지엔 금 관성이니 마음은 시동 걸고 부릉대는데 현실은 천막 걷고 창고 정리하는 셈이랄까? 의지와 현장에 엇박이 나는 형국이다. 그런데 30대를 연 무인 대운에 들어오니 드디어 이 저주가 풀린다. "있는데 없"다가 "있으라 하니 있는" 삶으로의 변화는 놀라웠다. 이후 근 20년을 나는 비겁의 축복 속에 살았다. 이런 식이다. 미장원에서 파마를 하다 잡지를 봤다. 파마는 시간이 오래 걸리니 잡지 구석구석을 다 읽게 된다. 아주 작은 기사였다. 이웃과 함께 책 읽고, 사는 이야기를 나누는 한살림 생협 모임을 소개하는 기사였다. 그중에서도 내 눈에 팍 꽂힌 건 서로의 집에 번갈아 모여 같이 밥을 먹는다는 대목! 나는 책도, 수다도, 밥도 좋아하지만 따로따로는 영 재미없어 하는 사람이었다. 친구든 서클이든 내가 좋아했던 모임은 다 이런 곳이었다. 신혼 초 결혼 생활은 나름 행복했지만 심심했다. 심심한 상태를 즐기고 있다고 여겼는데 아니었던 모양이다. 이 기사에 꽂힌 걸 보면.

당장 전화를 걸었다. 그런데 내가 살던 지역에는 한살림이 없다는 게 아닌가. 순간 실망했지만 다시 물었다. "이런 모임을 하는 다른 단체는 없을까요?" 지금 생각하니 그 순간 을목의 특성이 발현된 것 같다. 을목에겐 큰 기대도 없지만 좌절도 없다. 발 디딜 곳을 찾아 여기저기 꾸준히 타진한다. "광명이라고 하셨죠? 아, 거기 광명 YMCA에 물어보세요." 응? 그렇다면 당장 전화해야지. 그런데 놀랍게도 우리 단지 바로 앞에 YMCA 사무실이 있었다. 신나서 찾아갔던 기억이 아직도 생생하다. 나중에 들으니 생협 '모임'을 하고 싶다고 자기 발로 찾아간 사람은 내가 처음이란다. 대개는 아이 교육이나 생협 물품에 관심을 가지는데 '모임'은 꺼려하기 때문이다.

나는 거꾸로 모임이 최우선 관심사였다. 20대에 나는 '공동체'를 책으로 접했다. 사회주의 이념이 사그라들면서 다른 길을 모색하기 시작하던 시대였다. 하지만 책에서 만난 핀드혼, 오르빌, 야마기시 등은 당시만 해도 먼 타국, 특별한 행운과 결심이 있어야 갈 수 있는 곳이었다. 그런데 이렇게 가까운 곳에 임신한 몸으로도 당장 결합할 수 있는 공동체가 있다니! 그땐 우리 단지에 있던 모임이 흐지부지 되어 있던 터라 연락처를 주고도 몇 달을 기다렸지만, 그쯤이야 아무 장애로 느껴지지 않았다. 그리고 나는 이곳에서 많은 친구들과 평생 잊을 수 없는 선생님을 만나게 된다. 이 공동체를 만들고 이끈 이영이 선생님은 한국에서는 여성 최초로 YMCA 총무가 되신 분이었다. 그때 선생님 나이는 아직 40대였을 것이다. 단박에 사람을 끄는 총명한 눈과 밝은 웃음, 소탈한 목소리에 작은 체구, 무엇보다 공동체에 대한 철학과 깊은 영성이 몸에 배인 분이었다.

당시 우리 부부는 귀농, 아니 귀촌을 염두에 두고 있었다. 둘 다 『녹색평론』의 오랜 구독자로 자본주의에서 벗어날 길은 도시에 없다고 생각하고 있었기 때문이다. 한데 도시 안에, 아니 도시여서 가능한 공동체가 있다니, 나는 이 새로운 발견을 남편에게 전했다. 귀농운동본부에서 연 3박 4일짜리 귀농캠프를 다녀온 후 나의 마음은 더 생협 쪽으로 기울었다. 그 캠프에서 만난 분들도 너무 훌륭했지만 나는 일상 하나하나를 다시 생각하며 소비가 아닌 생명을 살리는 살림을 하자는 생협의 슬

로건에 마음이 움직였다. 어디 가서 특별한 걸 배우거나 시도하는 대신 평범한 이웃과 나누고 배우는 삶은 예상했던 것보다 훨씬 더 생기로웠다. 거기서 아이들은 팔자에 없는 이모, 삼촌, 형제자매들을 수두룩하게 얻었다. 남편은 목욕탕에 갈 때 이 집 저 집 애들을 불러 모아 데리고 갔고, 나는 그토록 바라던 멋진 언니들을 잔뜩 얻었다. 남형제뿐인 데다 대학 시절에도 남자 선배들만 드글드글했던 나에게 품 넓은 언니들의 사랑은 너무 달콤했다. 아! 정말 좋은 시절이었다.

    나는 자타공인 적극적인 회원이었고 곧 여러 가지 책임을 맡게 되었는데, 이때만큼은 빼지 않았다. 일하는 건 좋아하면서도 임원이니 대표니 하는 자리는 극력 피하는 내 성격을 생각하면 천지개벽에 가까운 변화다. 사람들과 활동에 홀딱 반해 있던 시절이라 그랬으리라고 여겨 왔는데 이런, 여기서도 대운이 작동했다. 난생 처음 지지에 목 기운이 들어왔으니 비로소 현실 가운데 내 역할이 주어진 것이다. 이때의 인목은 나의 뿌리이기도 하지만 겁재 갑목에게야말로 하늘을 뚫을 기세로 자라게 해주는 기운이 된다. 이 대운이 들어온 기간 동안 실제로 광명 Y생협의 성장세는 어마무시했다. 전반적인 생협 운동이 활발하게 전개되던 시기이기도 하지만, 그 가운데서도 마을 공동체 활동의 모델로 다른 생협이나 시민 사업을 고민하는 지자체, 학습 공동체 등 여러 곳에서 탐방의 발길이 끊이지 않았다. 인목 대운에 나의 겁재들은 아름드리 나무로 자랐고, 나의 마을은 풍요로운 숲 생태계를 이루었다. 인목은 나와 겁재 갑목의 뿌리가 되어 주면서(현실적 기반, 체력), 지지의 금 관성이 행하는 반성, 통제, 제어의 압박을 함께 감당해 준다.

그래서 나는 명리에는 정말 다양한 재해석이 필요하다고 믿는다. 겁재의 일반적인 해석은 나의 재물을 겁탈하는 흉신이다. 하지만 나의 겁재는 흉신은커녕 내가 깃들 수 있는 울창한 숲이었다. 첫사랑보다 더 마음을 설레게 했던 나의 겁재―선생님과 언니들, 그들은 나의 사랑이고 자랑이고 마음 든든한 빽이었다.

It's My Turn! : 40대 기묘(己卯) 대운(편재, 비견)

다음 대운은 기묘 대운. 뿌리 없는 을목 일간이 지지에서 묘목을 만나다니 드디어 내 세상이로구나! 그런데 웬걸. 을유 일주인 나에게 묘목은 일지 유금을 정면에서 들이받는 기운이다. "봄은 찾아왔건마는 세상사 쓸쓸하구나"라는 「사철가」한 대목이 이런 처지를 이름이런가? 결론부터 말하자면 아니, 쓸쓸하지 않았다. 봄이 왔으니 날도 좋고 기분도 몽글몽글, 뭐든지 잘 풀리길 기대했다면 그랬겠지만, 유금을 깔고 앉은 나는 본시 세상을 그리 여겨 본 적이 없다. 어찌 봄날이 따스하기만 하랴. 실상 봄은 변덕스럽기 짝이 없는 계절이다. 40대로 진입하는 나에게 필요한 것은 인생의 봄날 따위가 아니라 봄의 변덕, 그

'들이받는' 힘이었다.

내게 유금은 일명 '칠살'七殺이라는 닉네임을 가진 흉신 중의 흉신 편관이다. 편관, 치우친 관성. 게다가 메스처럼 날카로운 칼의 물상을 지닌 유금. 을목은 큰 도끼는 외려 무서워하지 않는 반면 예리한 날을 가진 낫에는 속절없이 베인다. 이런 형국에 묘목은 내게 뿌리가 되어 주는 동시에 유금을 들이받으니(묘유충) 이 아니 반가울쏜가!

일지는 배우자 자리이니 내 남편은 유금 편관이다. 당사자는 자기처럼 다정하고 성실하고 착한 남편이 어딨냐며 절대 인정하지 않지만 내가 볼 때 그는 편관 그 자체다. 남편은 자기가 다정한 만큼 나도 그러길 바라고, 자신의 세심한 방식대로 나도 그러길 바란다. 다정하고 세심한 게 뭐가 문제냐고? 그건 문제가 없다. 문제는 기준에 있다. '자기만큼', '자기 방식으로'라는 기준. 누군가의 기준에 맞춘다는 것이 애초에 가능할까라는 의문이 들기까지는 꽤 긴 시간이 걸렸다. 하지만 진짜 문제는 남편이 아닌 내 자신 안에 있다. 을목의 생존력과 유연함은 '좋은 게 좋은 거'라고 스스로를 속이기도 한다. 경금과 합을 이루는 을목은 이미 그 안에 금의 관성을 향한 욕망을 내장하고 있다.

이럴 때 일지 충은 자신이 선 자리를 다시 세팅하는 힘으로 쓰일 수 있다. 몸이 아프다느니, 남편에게 일이 생긴다느니 하는 해석도 일리가 없는 것은 아니다. 하지만 그것은 해석의 일단일 뿐. 변화가 필요한 시점에 들어오는 일지 충은 완전 땡큐 아닌가. 사주는 들여다 볼수록 절묘하다. 40대, 어디를 가도 일을 도맡는 가장 활동적인 나이, 게다가 마냥 어리던 아이들도 하나 둘 엄마 손을 타지 않게 되는 자유의 시기다. 이때 마침 대운까지 일간에 힘을 실어 주니 가족 간의 역학에도 변화가 올 수밖에.

변화의 시발점은 『공부의 달인, 호모 쿵푸스』(이하 『공부의 달인』)였다. 잊을 수 없는 책이다. 당시 우리 공동체 생협에는 가입 시 한 달에 한 권 책을 구입해서 읽는다는 약속이 있었다. 『월든』, 『경제성장이 안 되면 풍요롭지 못할 것인가』, 『나락 한 알 속의 우주』 등 생명, 반자본이라는 메인 주제 외에도 다양한 책들을 함께 읽어 왔다. 『공부의 달인』을 선정한 사람은 나였다. 〈수유너머〉나 고미숙 선생님에게는 늘 관심이 있었지만 이 책을 고른 동기는 뭐니뭐니해도 제목이었다. '공부'가 '쿵푸'라니! '쿵푸'는 나의 오랜 꿈이었다. 나는 왜인지 수련, 수행 같은 단어만 보면 가슴이 설레는 오랜 증상(?)이 있다. 몸치인 주제에 언젠간 무도를 익히고 싶다는 꿈도 남몰래 지니고 있다. 초등학생 시절 뭐든 괜찮다로 일관하던 내가 유일하게 요구했던 게 태권도 학원에 보내 달라는 것이었는데 안 그래도 선머슴아 같은 애가 태권도까지 배우면 절대 안 된다는 엄마의 결사 반대로 저지당했다. 대신 장구와 전통무용을 가르치던 김갑순 무용단인가 하는 곳에 보내고 싶어 했는데 이번엔 내가 질색팔

색(그래 놓고 20대에 제발로 국악동아리에…), 대결 끝에 서로 싫은 걸 안 하는 걸로 합의 봤지만 지지를 뒤덮은 금의 관성들은 불순물을 제련할 용광로와 쓸모 있는 물건으로 거듭나게 해줄 헤파이스토스의 망치질을 숨죽여 갈망해 왔던 것일까. 이 책은 이런 나에게 지성도 쿵푸의 영역이라는 걸 처음으로 깨닫게 해주었다. 〈감이당〉을 오간 지 2~3년쯤 지난 어느 날 길에서 곰샘을 우연히 만났는데 쑥스러움을 무릅쓰고! 이 얘기를 했던 기억이 지금도 선연하다. 사랑을 고백한다 한들 이보다 진심이진 않았으리라. 곰샘은 그 책을 중고등학생을 위한 가벼운 인문학 입문서로 쓰셨지만, 나에게는 어떤 책보다 묵직하고 강력했다는 사실을, 그리고 정말 감사하고 있다는 걸 꼭 말씀드리고 싶었다.

그 시절 나는 남편뿐 아니라 생협 활동 안에서도 답답함을 느끼며 변화를 갈구하고 있었다. 우리 생협은 규모나 활동 등 모든 면에서 성장하고 있었다. 하지만 그만큼 많은 사람들이 꾸준히 독서 활동을 해왔는데도 공감과 반성 수준에 머물러 있는 느낌이 들었다. 책을 읽는다는 건 뭔지 이야기는 어떻게 나누어야 할지…, 계속 해왔던 일들이 문득 막막해졌다. 책 선정도 갈등이었다. 흥미, 정보, 가치, 유명세 등 다양한 이유의 책 추천이 들어왔는데, 그 가운데 고전은 거의 없었다. 누군가의 정의대로 고전은 '유명하지만 아무도 안 읽은 책'이었으니까. 고전을 직접 읽으라고, "감히 알려고 하라!"고 말해 주는 건 『공부의 달인』이 처음이었다. 고미숙 선생님이 계신 곳을 당장 찾아가고 싶었지만, 유치원에 갓 들어간 둘째가 있었다. 나는 대신 이웃들과 고전 읽기 모임을 꾸렸다. 텍스트는 고전의 대명사『논어』. 평소라면 현대적인 해설서를 골랐겠지만 이번엔 곰샘의 촉발에 힘입어 한문 원문에 직역만 붙은 전통문화연구회의『논어집주』를 택했다. 그리고 근 1년 매주 한 번씩 야금야금『논어』를 읽어 나갔는데, 거짓말처럼 재밌었다. 옥편을 뒤지다 시간 다 보내느라 역사적 배경이나 철학적 의미까지 나아가지도 못했는데 그러니 오히려 공자와 제자들이 눈앞에 살아 움직이는 사람들처럼 생생하게 느껴졌다.

언제 다 읽나 싶던『논어』읽기가 어느새 끝났다. 다들 재밌어했지만 더 이어 나가겠다는 사람은 없었다. 하지만 한 번 해본 걸로 끝낼 수 없었던 나는 〈수유너머〉 홈페이지를 넘보기 시작했다. 그러다 발견한 게 바로 '왕초보 사주명리'. 휘황찬란한 서양철학과 엄중한 동양고전세미나의 성벽 틈 개구멍(이런 표현을 용서해 주시길!)을 발견한 기분이었다. 곰샘이 불어넣어 준 용기에도 불구하고 드높은 성채처럼 느껴지던 다른 강의들과 달리 여긴 내가 가도 괜찮을 것 같았다. 게다가 관심은 지대했으나 접근 경로를 찾지 못했던 한의학도 배울 수 있다니 마치 나를 위해 마련된 잔치에 초대받은 기분마저 들었다. 운명과 몸, 그리고 우주 자연에 대한 지혜가 필요치 않은 사람이 어디 있으랴. 자신을 정말 아끼고, 삶을 진지하게 대해는 사람이라면 누구나 이 공부가 필요하다. 어디서 어떻게 공부해야 할지, 아니 공부할 수 있다는 사실 자체를 몰랐을 뿐이다. 실제로 〈감이당〉에서 나는 나와 똑같은 얘기를 하는 사람을 수도 없이 만났다. 이런 공부가 하고 싶었다, 자기 같은 사람들이 또 있다는 걸 알아서 기쁘다 등등.

아무튼 이 시기는 내 삶을 원점부터 다시 돌아보게 해주었고, 의역학은 재미도 있었지만 실제로도 큰 도움이 되었다. 내 안에서 '그래, 나는 이런 공부를 하고 싶었어!'라는 외침이 들리는 것 같았다. 그동안 가족을 일순위로 놓던 나에게 익숙해져 있던 남편은 공부는 물론 찬성이지만 아직 아이가 어리지 않냐며 나중에 하라고 했다. 가족이란 물심양면 긴밀하게 연동되어 있어서 내가 내 시간을 갖겠다면 당장 영향받는 사람은 남편이다. 내가 일으킨 변화가 남편에겐 불편하고 일방적으로 느껴지는 것도 당연하다. 예전의 나였다면 모두를 위해 몇 년 미루라는 말에 고집을 꺾었을 것이다. 일간의 든든한 뼈이 되어 주고 편관까지 흔들어 준 묘목의 덕이었을까. 공부를 최우선에 놓겠다는 작심 때문이었을까. 나는 물러서는 대신 공부가 하고 싶고 지금이 그때라고 말했다. 남편은 의외로 바로 내 말을 받아들였다. 이제 와 생각하니 그때 우기길 진짜 잘했다. 그후로도 남편은 간간이 불만을 토로하거나 자신의 외조를 어필하지만, 결국 내가 행복해야 자신과 아이들에게 이롭다는 걸 모르진 않는 것 같다.

을유; 칼을 품은 풀은 어떻게 사는가

내 관성은 부처님 : 경진(庚辰) 대운(정관, 편재)

지지가 신유술 금국으로 짜인 내 사주에서 관성은 언제나 중요 테마였다. 관성은 자기중심적인 시선을 돌려 자신이 속한 세계 전체를 바라보는 힘이다. 그래서 관성이 발달한 사람은 공동체를 중시하고 사회에 무엇이 필요한가를 늘 염두에 둔다. 바람직하고 중요한 덕목이지만 비겁을 치는 힘이 강하기 때문에 관성을 잘 쓰기가 쉽지 않다. 그렇기에 관성을 극하는 식상이 있으면 좋다. 명랑한 식상은 관성의 무거움을 가볍게 해준다. 인성도 괜찮다. 관성의 자기 반성은 자칫 지나친 자의식과 자기 통제를 야기하는데 인성은 더 깊은 차원에서 우리가 개별적 존재가 아님을 통찰하게끔 인도해 줄 수 있다.

그런데 나는 무인성에 무식상이다. 내 손에 들려 있는 카드는 천간에 중중한 비겁뿐. 분명 비겁의 자존감, 혹은 체력은 관성의 맹공을 잘 견디게 해주었다. 그리고 진짜, 운이 좋았다. 태어나서 20년은 수 인성(해, 자), 10대와 20대엔 밝은 화 식상(병, 정), 30대와 40대엔 짱짱한 목 비겁(인, 묘)이 줄줄이 들어왔으니. 그러나 지금 나는 관성 대운의 한복판을 통과하는 중이다. 이번 대운은 경진庚辰. 천간의 경금은 일간 을목과 을경합금을 이루고, 지지의 진토는 일지 유금과 진유합금이 된다. "무쇠 팔, 무쇠 다리, 로케트 주먹" 이런 노래라도 불러야 할 판이다. 다음 대운은 신사辛巳. 여기에서도 천간에는 편관이, 지지에는 사유합금이 번쩍인다. 와우. 이쯤 되면 묻지 않을 도리가 없다. 대체 나는 이 금들을 어떻게 쓰게 될 것인가? 아니 이 금들은 나를 어디로 데려 갈 것인가?

이 글을 쓰고 있는 지금의 나는 답을 안다. 똑똑해서가 아니라 이번 대운의 7할을 이미 살았기 때문이다.^^ 처음엔 아는 게 병이라고 5, 60대 대운엔 무슨 일이 벌어질까 솔직히 겁도 났었다. 게다가 50대 대운엔 관도 관이지만 월주를 천충지충하기까지 했다(갑술 월주에 경진 대운이라 천간에는 갑경충, 지지에도 진술충이다). 그래서 어떤 일이 벌어졌냐고? 답부터 말하자면, 불교를 만났다. 오 마이 갓! 아니, 오 마이 붓다! 나의 금 관성은 부처님이시다!

금이라는 오행의 속성이 무엇인가? 금은 혁명이다. 발산에서 수렴으로 방향을 확, 바꾸는 힘이다. 또, 금은 예리하게 분석하고 판단하는 힘이기도 하다. 불교가 바로 그렇다. 불교는 진정한 혁명은 마음의 혁명이라고 주장한다. 부처님은 세계가 마음에 의해 창조된다는 진리를 깨닫고 가르친 분이다. 그 말씀에 따르면 우리는 각자의 마음이 만든 세계에 산다. 그런데 왜 세상은 이렇게 불합리하고 괴롭고, 우리는 스스로를 무력하게만 느끼는 것인가? 밖만 쳐다보고 달려서이다. 달리면 달릴수록 더 불안하고, 불안하니 더 확실한 것을 찾기 위해 또 달려간다. 하지만 뜻대로 되는 일은 드무니 괴롭고 무력해진다.

이럴 때 금은 외화내빈의 성장을 멈추도록 껍질을 굳히고 안쪽으로 에너지를 돌리는 힘으로 작동할 수 있다. 이제 우리가 정복할 대상은 세계가 아니라 자기 마음이다. 마음을 정복하려면 어떻게 해야 하는가? 마음이란 놈이 부리는 조화를 예리하게 지켜보고 명료하게 분석·판단해야 한다. 관성이 비겁을 객관적 시선으로 지켜보듯 말이다. 욕심과 두려움 없이 자신의 마음에 일어나는 모든 과정을 관찰하고, 행주좌와行住坐臥, 어느 때나 지켜보기를 잊지 않는 것, 그것이 바로 자신을 성찰하고 제어하는 관성을 쓰는 것이다.

이 글을 쓰면서 돌이켜보니 이번 대운의 도래와 함께 〈감이당〉에 초기불교 강좌가 열렸다는 사실이 떠올랐다. 역시 운명인 것인가.^^ 사실 불교에 대한 관심은 청년 시절부터 있었다. 하지만 그때 불교는 너무 멀고 높고 막막했다. 그런데 부처님의 육성이 담긴 초기 경전을 내 눈으로 직접 읽는 경험은 과장을 좀 보태자면 부처님과 동행하며 대화하는 것 같았다. 육박해 오는 실감이라고나 할까. 초기 경전을 읽는 시간은 인간이 이기심, 욕심, 두려움으로부터 정말 자유로울 수 있을까 하는 오랜 의구심을 씻어 주었고, 나아가 나도 그렇게 되고 싶다는 강한 자극을 일으켰다. 부처님이 일으킨 지진, 나의 월주충은 그것이 아닐 수가 없다, 라고 나는 주장하는 바이다.

물론, 다른 사건도 많았다. 마침 딱 갱년기라 시력 저하, 이 시림, 무릎 통증, 폐경 등 몸도 변화의 파고를 타고 오르내렸다. 가족 간에도 갖가지 이슈가 있었다. 이 사건들 모두 자기 변형의 시련을 일으키는 관성의 여파로 해석할 수 있다. 해석은 자유다. 한데 해석은 해석으로 그치지 않는다. 그것은 바로 나의 세계를 만든다. 그래서 나는 어떻게든 나의 운명과 부처님을 엮고 싶은 것이다. 금은 서쪽, 서쪽은 서방정토(불교에서 말하는 불국토), 관성은 자기 성찰, 자기 성찰은 위빠사나 수행. 남은 대운 3년도, 그리고 이어지는 다음 대운도 계속 이렇게 부처님께 비벼 볼 요량이다. 후훗.

● **덧달기**

시작은 운명에 대한 궁금증이었다. 거기엔 희망 반, 두려움 반이 뒤섞여 있었다. 그래서 좋은 운명에 대한 기대, 잔인한 운명은 내게 없었으면 하는 소망은 사람을 쫄게 한다는 걸 알게 되었다. 그래도 사주명리를 직접 공부하도록 추동한 힘은 궁금증과 쫄림이니 그건 땡큐. 막상 공부를 해본 소감은 두 가지다. 일단 생각보다 쉽고 재밌다는 점, 그리고 팔수록 복잡하고 어렵다는 점. 사주팔자의 글자나 구성이 비슷한데 사는 모습도 흡사한 사례를 보면 더 재미가 난다. 반면 사주풀이와 실제가 다른 경우를 만나면 회의가 몰려 온다. 사람이 참 이렇게 단순할 수가 없다. 근데 갈수록 중요한 건 사주가 맞냐 아니냐가 아니라, 우리가 이걸 계속 쓰고 있다는 사실이라는 생각이 든다.

이 누드 글쓰기만 해도 그렇다. 왕초보냐 경력자(?)냐가 신경 쓰이는 건 처음 한두 시간뿐이었다. 그다음엔 그저 서로의 인생을 경청하고, 궁금해하고, 두런두런 끝도 없는 얘기 속으로 빠져 들어갔다. 그렇게 우리는 사주를 통해 인생을 나누면서 더 알고 싶고 보고 싶은 사이가 되었다. 이렇게 단기간에 '찐친'을 얻을 수 있는 길이 또 있을까? 그러니 중요한 건 운명에 대한 토론이 아니라 서로의 운명에 개입하고 싶은 친구를 만드는 일이다. 사주명리의 진가는 여기서 발휘된다.

사주명리 입장(?)에서도 이렇게 쓰이는 걸 반기지 않을까? 사람을 겁먹게 하고 의존하게 하고, 혹은 헛된 자만과 편견을 강화하는 대신 이렇게 서로에게 관심을 갖게 하고, 초대와 환영과 공감과 감사가 오가게 하는 역할이 더 달가울 게 분명하지 않은가.

그러니 자기를 알고 싶다면, 찐친을 얻고 싶다면, 운명이 궁금하다면 다들 오시라. 와서 함께 공부하고 떠들어 대자. 운명도 받들리기보다 왈가왈부 참견받길 좋아할 테니. 이야말로 최고의 개운, 운명의 연금술이 아니겠는가.